究極のロジカルシンキング

田中教授の最終講義

論理とことばで　人生を創り直す

京都産業大学教授
田中伸明

産学社

はじめに

　わたしは鹿児島大学医学部を卒業後、ある時まで神経内科の臨床医として生きてきた。地元の病院を経て、長野の諏訪中央病院に勤務していたときの一つの経験がその後の生き方に大きな影響を与えた。それは阪神淡路大震災だった。同じ世界をみているはずなのに、立場によってものごとの見え方がまったく違うということに驚愕し、自らの世界は自らの責任で創り上げる覚悟を持って生きることにした。

　大震災の経験が契機となって、単に診察を行うだけの医師でなく、社会の根本的な問題解決を求めるべく厚生省(現厚生労働省)やマッキンゼーで学んだ。そして、2007年からは京都産業大学で病院経営の講座を持つことになった。

　学生にとって就職難といわれる時代になって数年経つ。それはわたしが教鞭をとる大学においても例外ではない。就職関係の本を見ると面接の仕方やエントリーシートの書き方などマニュアル的要素の強い本が溢れている。就職しようという学生たちもこうした本から安易に学んで、世の中を生きて行こうという臭いが充満しているように感じられた。本当にそれでいいのだろうか。21世紀を担わなければならない若者たちの生き方をみて、彼ら個人だけでなく、日本の将来に危機感を感じた。

授業では病院経営の知識やビジネスの世界で学んだロジカルシンキングの技術を教えていた。あるとき、そんな自分にハッとした。教えるべきことは、こんな知識や技術ではないのではないか。教えるべき本質についてゼミ学生との討論の間も考え続けた。

そこで達した結論が「世の中を正しく生くべき根本原理」を伝えていくことだった。具体的には、正しく考え、また世界を正しく認知する「思考・認識原理」、それに世界の中で確実に結果を出し続ける「行動原理」である。この二つの原理を対話形式によって講義を創り上げた。それが本書である。本書は「思考・認識原理」をわかりやすくテキストにしたものだ。「行動原理」については、別に機会を設けるつもりである。学生たちにとっては初めて経験する講義で戸惑っただろう。そもそも彼らにとって、社会に出てからはおそらくこうした内容に接する機会はない。しかしこの迷いから解き放たれた者だけが、大きな未来を獲得していく。事実、受講した学生は確実に就職戦線を勝ち抜き未来の切符を手にしている。

本書の内容は一つの職種や、一つの領域の中にいてはつくりあげることができなかった。さまざまな経験を通して身につけた物を哲学や社会学などの学問的バックグラウンドがあって、大学のテキストとしてつくりあげたものである。

本書は大学生といった若者たちだけでなく、人生というステージで迷ったり悩んだりしている多くの方々にきっと役に立つはずである。

田中伸明

２０１１年春

CONTENTS

Lesson 3

事実世界はどうなっている？　51

CONTENTS

CONTENTS

Lesson 6 世界をつくりだす 103

Epilogue 123

Prologue

1995年1月17日、わたしはいつものように長野県の諏訪中央病院で診察の準備をしていた。しかし医局は日常とは違う雰囲気に包まれていた。同僚が集まっているテレビの方に目を向けた。そこで目にしたものは、建物から濛々と煙が上がって、空襲後の焼け野原のような光景だった。これが、後に「阪神・淡路大震災」と命名された大地震だった。

医師の中には「すげえ!」と、その映像を眺めながら大きな声を上げる者もいた。その反応はまるで映画をみるかのように。

わたしはつぶされた建物の下に埋まっているであろう人々の痛みや苦しみ、火災の中で逃げ惑う人たち、生きながらにして焼け死んでいく人たちのことが脳裏に浮かんだ。

そして定時の外来が開始する。いつものように患者さんたちの「膝が痛い」「腰が痛い」といった訴えを聞く。一方では平和な日々を過ごしていたであろう神戸の人たちは、一瞬にして生死の境をさまよっているにも関わらず……。

この落差に「現実、リアリティとは何か？」と強く感じたものである。また「すげえ！」と叫んだ医師は、あの映像に何を見ていたのかという疑問が浮かんだ。同じ映像を見ながらも、異なる現実を見ているのではないか。ふと、彼とわたしは違う世界にいるのでないか。

映像の世界と脳裏の世界は違うのではないか？　もしかすると、世界というのは自分たちそれぞれがつくった「世界」なのではないか。そうした疑いをそのとき持った。

阪神大震災のテレビを見てから翌々日、わたしは神戸東灘区の住吉小学校で医師として治療を行っていた。それは病院長の鎌田實先生の地域医療の延長として、医療ボランティアを神戸に派遣すると提案されたからである。速やかに応募したわたしは、翌日にはリュックにガーゼなどを詰めて現地に向かった。

大阪駅に着くと異様な雰囲気を感じた。日常と何ら変わらない駅の光景の中で、阪神電鉄からは着の身着のままで被災者の人たちが歩いてくる。

阪神電車の車窓からは、普通の町並みに混じって断層の上に載っている家だけが倒壊しているのが見えた。電車も途中までで、そこから現地までは歩いて辿り着いた。避難所となっていた学校の体育館の中では、つい数日前まで生きていた家族を横に、住民が余震の中で不安な日々を過ごしていた。一瞬にして、生死が分かれ、過去とは異なる現実がそこにはあった。

最初は24時間、フルに治療に当たっていた。やがて電気が復旧しテレビ映像が回復した。そこでは、フランスの医療援助隊が日本の医師免許を持たないために被災地での医療活動は認められないという国の発表があった。目の前には数多くの被災者が医療を求めているのだ。このギャップに、いったい事実はなんなんだ。この現実をどう捉えているのか、国、官僚、政治家に激しい失望を感じた。

10日間ほどの医療活動を終えて長野に戻ると、再び日常の診察の日々だった。目の前の患者に対応しながら、被災地での経験が脳裏に浮かぶ。今思えば、心的外傷ストレス障害によるフラッシュバックだったのだろう。一医師としての限界に無力感を覚え、国から変えていかなければという気持ちが強くなり、厚生省の医療病院管理研究所に勉強に通うことにした。まずは医療制度の改革への参加が目的だ。しかし、単に臨床経験があるだけでは発言に限界があった。そこでさらに優れた技術とマネジメント能力を獲得したいと、医師を募集していたマッキンゼー日本支社にインターンとして参加した。

マッキンゼーでの最初の会議で「今後の日本の医療政策はどうなると考えているか」という質問があった。わたしは知っている限りの知識を駆使して説明した。正直、医療界の知識に対しては自負していたので、自信満々に……。ところが同僚は、「田中さんの意見はどうなんですか？」と訊ねてくる。最初はその質問の意味さえも理解することができなかった。わたしの脳の中にあるものすべて出し切った。これ以上の何を聞きたいんだ？

これまでの医師としての経験では、東西問わず医学に対する知識をあらんかぎり頭に詰め込み、それをもとに患者に情報提供するのが医師の仕事である。私の頭の中にあるものは、私の意見そのものであると思っていた。

その後、質問にどう答えていけばいいのかわからず、ますます混迷を深めていくことになったのは言うまでもない。現在は民主党から衆議院議員になっている江端（旧姓藤田）貴子さんから、「田中さん、いったい何しに来たの？」と言われる始末だった。彼女は悪気があってそのように言ったわけではない。自分の意見が見つからないわたしに対して、素朴にそう思っていただけだった。

まさに有能な医師である自分と無能な自分、現実世界が真っ二つに分裂した。

Lesson 1

人はみな、違った考えで生きている。
それはどうして？

Chapter 1

「思う」と「考える」は何が違う?

~意識して使っている人が論理的

わたしたちは日常生活で何気なく会話をしている。

「お昼になに食べる?」と訊ねると、ひとりは「牛丼がいいと思う」と答え、もうひとりは「牛丼がいいと考えている」と答える。

この「思う」と「考える」という言い方は習慣でもあり、この違いに気づく人がほとんどいないだろう。

同じことは学生の言動にも当てはまる。「就職希望は?」と訊ねると、「流通がいいと思っています」、「流通を考えています」との答えがある。わたしの経験から言えることは、前者が先に合格することはない。合格するには、答え方が必ず「思う」から「考える」に転換する必要がある。

その牛丼を食べたいと「思っている」人に「なぜ?」という質問をすると、

「思う」 と「考える」
構造は同じ、意識しているか、していないか
これからは価値観を意識して答えるべき！

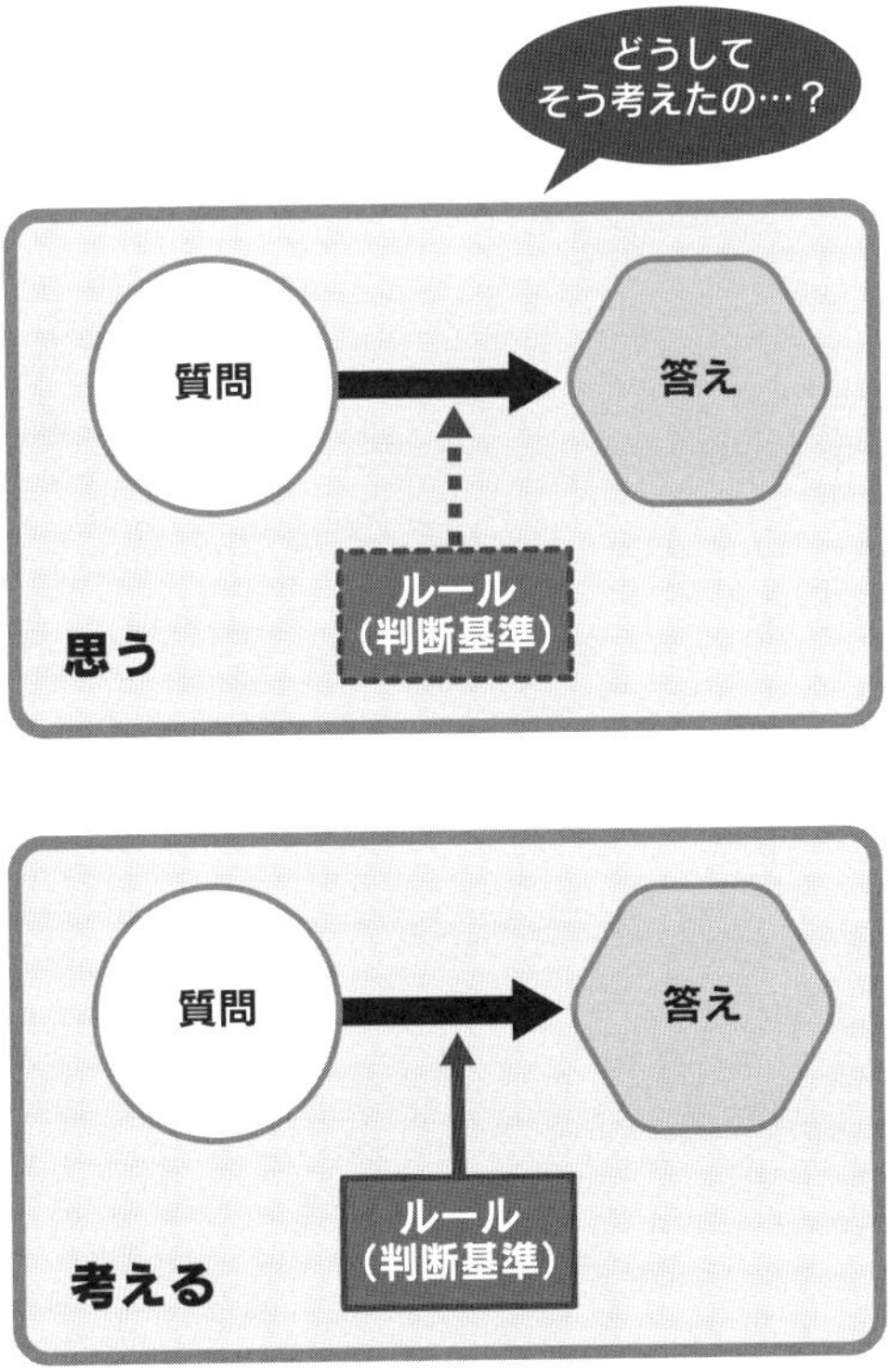

「早いから」「うまいから」と、その選択の根拠が明らかになる。答えを選択したということは、選択の根拠があったはずなのだが、本人に確認しないとその根拠があることさえ気がつかない。一方、「考えている」人は、判断基準が明確であり、意識してその答えを導き出している。

巷間では、前者のような人を「感情的な人」、後者のような人を「論理的な人」と呼ぶ。結論的に言えば、「思う」と「考える」は、実は思考の構造は同じである。答えの判断根拠を意識していないか意識しているかだけの差なのだ。

さて、マッキンゼーにおいて……。数ヶ月経ってからの会議では、自信を持って生き生きと発言している自分がいた。質問されると、答えを導き出す判断基準を明確に意識して、意見を伝えられるようになった。始めの頃は、「わたしは○○と思う」と答えていたにもかかわらず。大切なことは、論理的思考は能力ではなく習慣だったのだ。

論理的に答えるには価値判断を明らかにして「わたしは○○と考える」ということが重要なのである。質問に正しく答えるとは、答えを導き出す判断基準を明らかにすることなのだ。

学生にどの会社を志望しているかを訊ねると、「A社と思っています」と言う。その理由を問うと、明確な根拠を意識していないために、はっきりと答えられない。

一方、「A社を考えている」学生は、その会社を志望する明確な理由、同業他社などとの比較など頭の中に根拠として入っている。

つまり、「思う」よりも「考える」学生は、就職に対する価値観が具体的で明確なのである。

Chapter 2

人はいつも考えている……何のため？

～人は考えないようにすることができない

目をつぶって3分間じっと、何も考えないでみてみよう。「考えないようにしよう」ということも考えてはいけない。さらに、考えないようにしていると、「なぜこんなことをしなければいけないんだ」と考えてしまう。

人は、考えないことができないほど考えている。

わたしたちが考えないことをできる唯一のときは死だ。すなわち、生きているということは考えていることに等しい。考えるということは、魚にとっての水、人にとっての空気のようなものだ。だから「考える」ということの大切さに気がつかない。

これから思考を構造的にみてみよう。まず、「考える」といえばソクラテスの三段論法だ。

三段論法

ギリシャ時代から、
人間は「考える方法」を考えてきた

小前提

ソクラテスは人間だ

大前提

すべての人間は死ぬ

結　論

ソクラテスは死ぬ

Chapter 3

人はどうやって考えるのか？

〜人は生まれながらに考える仕組みを持っている

「ソクラテスは人間だ」というケースに対して、「人間は必ず死ぬ」というルールを適用すると、「ソクラテスも必ず死ぬ」という結論が導き出される。三段論法から具体例を取り除き、「ケース」、「ルール」、「結論」を構造だけにしたものが演繹法である。

演繹法は思考、考える行為そのものである。あるケースが与えられ、ルール（判断基準）を決めれば、結論が導き出せる。演繹法の推論は絶対的に正しく、結果が間違っている時はルールが間違っているということになる。

たとえば、「人間は死ぬ」ではなく、「人間は死なない」というルールが与えられると「ソクラテスは死なない」という結論になる。この推論の形式性は絶対である（必然性）。

演繹法

三段論法の考え方と同じ

三段論法

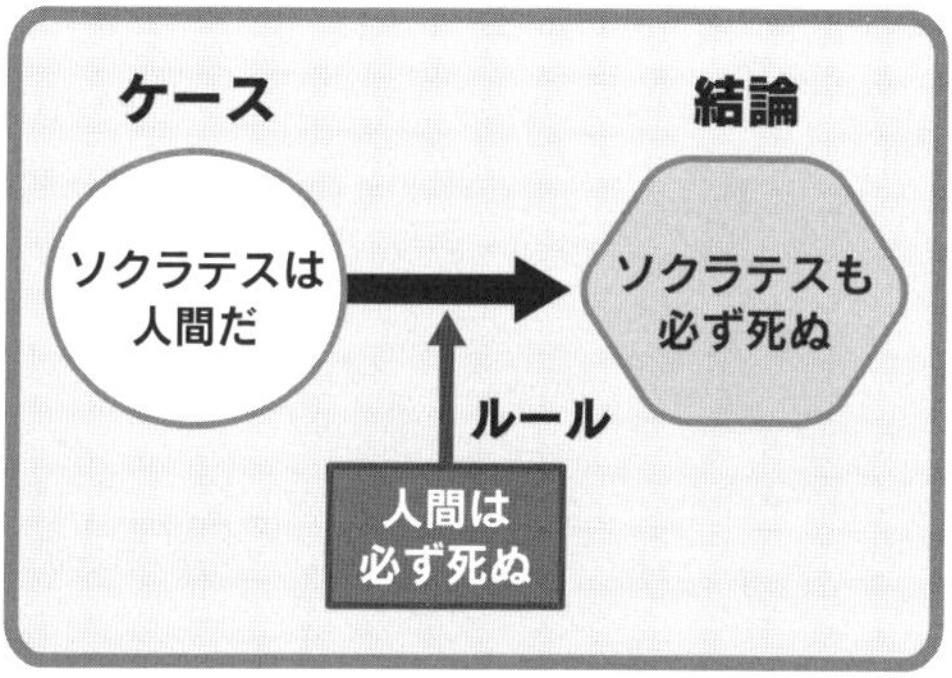

演繹法

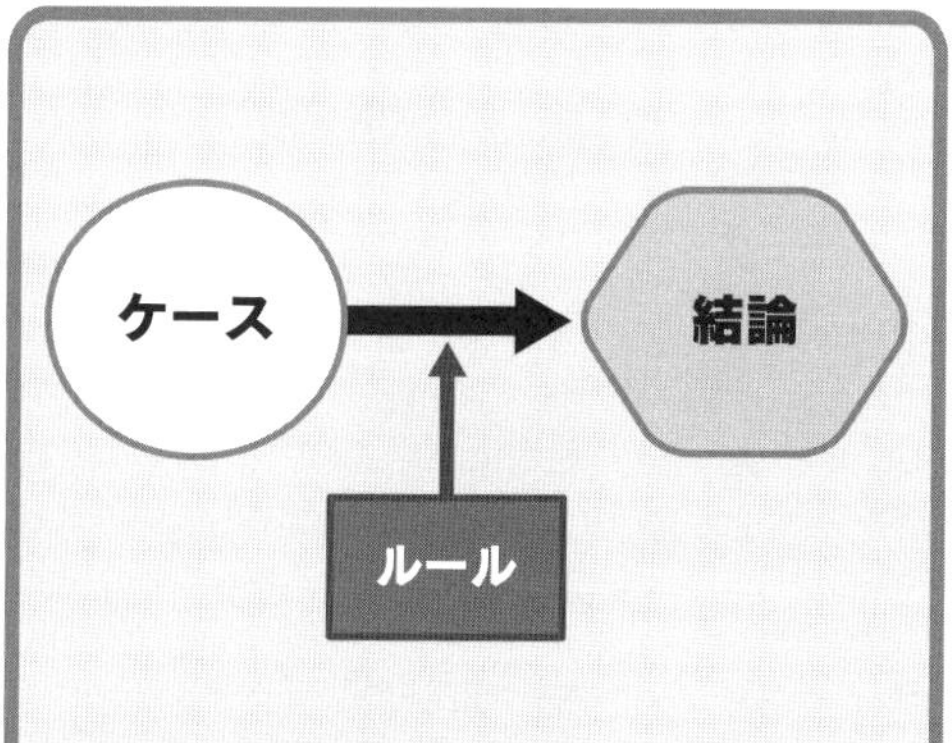

Chapter 4

判断ルールをつくる
～ルールを考える

ルール（判断基準）は過去の経験から生まれる。

Aさんが死んだ、Bさんが死んだ、Cさんも死んだ。過去に生きていた人はすべてがもう死んでいる。この演繹法のルールである「人は皆死ぬ」は、過去の経験から導きだしたものである。

演繹法と同じように、思考の箱の具体例を一般事例に入れかえると、それが帰納法の構造となる。事象A、事象B、事象C等に共通するルール、もしくはその上位概念をとりだす方法が帰納法だ。逆に一つの全体事象を個別の複数事象に分けるのも、同じく帰納法である。

帰納法
過去の経験がルールをつくる

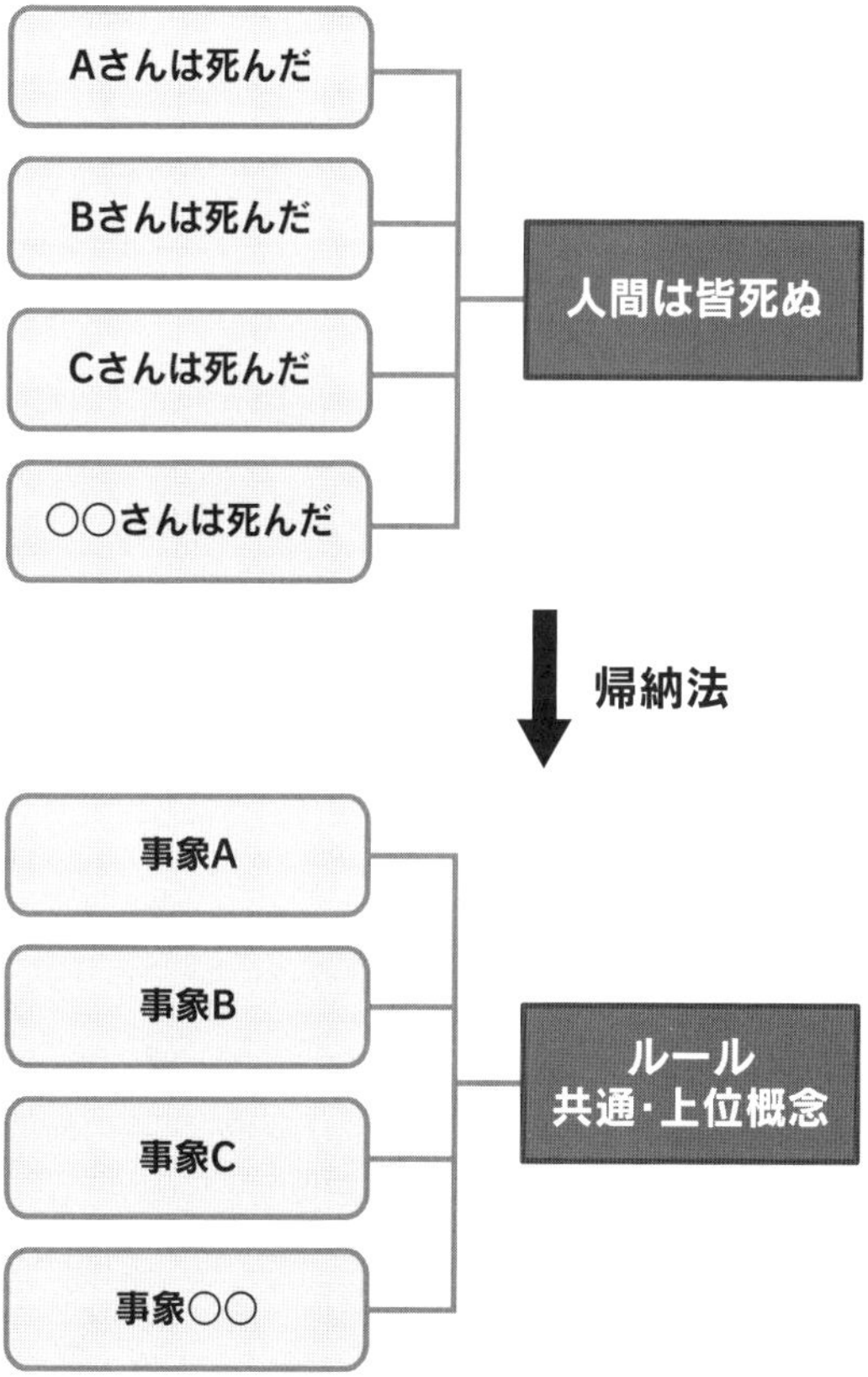

過去の経験をルール化することが帰納法の働きである。そして過去に学んだ経験、学習、しばしば過去に身につけてしまった誤解や錯覚を含めてルール化したものを価値観と呼ぶ。ひとは同じ経験をしても、それぞれ違った価値観をつくりあげる。

さて、「人は死ぬ」というルールがあったとする。ところが、ある老人が元気でなかなか死なない。このとき「ひとは死ぬ」というルールの信憑性が疑われることになる。あくまでもこのルールは、現時点の仮説的ルールであり、ルールに反することがあれば、このルールは破棄されることになる。逆にルールは変更、発展させる責任があるということだ。

演繹法のケースにルールがあれば、万人が同じ結論をだすことで「必然性」であるのに対して、帰納法はあくまでも確からしいという意味で「蓋然性」であるとされる。

蓋然性（確からしさ）
例外が一つでもあれば破棄される

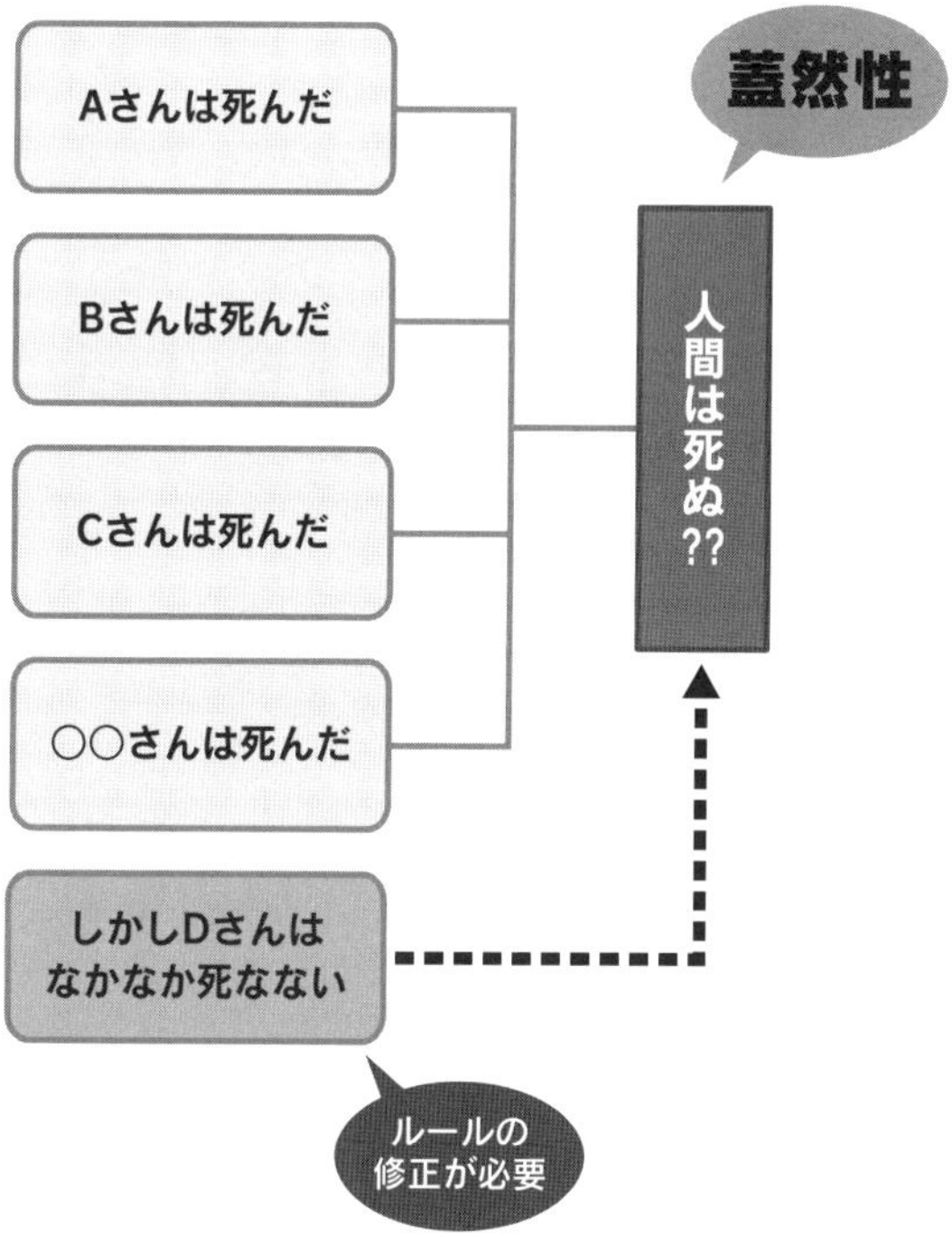

結局思考とは、帰納法で過去の経験から判断ルールをつくりだし、演繹法でそのルールを適応し、結論をだすことである。つまり帰納法と演繹法、いわゆる論理構造を使うことが思考なのである。Chapter1で「思う」と「考える」は、意識しているかどうかの違いと述べたが、意識するものは論理構造、特に判断ルールである。

思考の正しさは、演繹法でのルールの正しさによる。そのルールは確実性の乏しい帰納法によってつくられる。過去の経験からより優れたルール化する帰納的能力こそが、思考を正しくするポイントとなる。

しばしば試験勉強を、正しい答を見つけることだと誤解している人がいる。正しい答は、正しいルールが導きだす。だとすれば試験で問われているのは、正しい解答ルールを獲得しているかである。学習能力とは答えの暗記でなく、正しい解答ルールを身につける能力である。同じ授業をうけても成績に優劣の差がでるのは、「ルールを身につける」という学習態度の差なのである。

Chapter 5

人はどうやって自分の考えをつくるのか？

～人は正しく論理的に間違う

仕事の課題を与えられて、成功する人と失敗する人がいる。そして成功し続ける人、失敗し続ける人がいる。これは能力の差が大きく結果を分けていると誤解されがちだが、正しいルールを持っているか、間違ったルールを持っているかの違いなのである。

重要なポイントは、人は「正しく論理的に誤解する」ということだ。

それでは、正しく考えるにはどうするか。実は正しいルールか、誤ったルールかは本人にはわからないようにできている。なぜなら、本人にとってはすべてが過去の経験から正しく導き出されたものだからだ。

どういう時に判断基準が明らかになるのか。正しい結果を出している時には、正しいルールを持っているので、日常生活の中では意識されることなくス

失敗が正しい思考を生みだす
人は失敗しないと学ばない

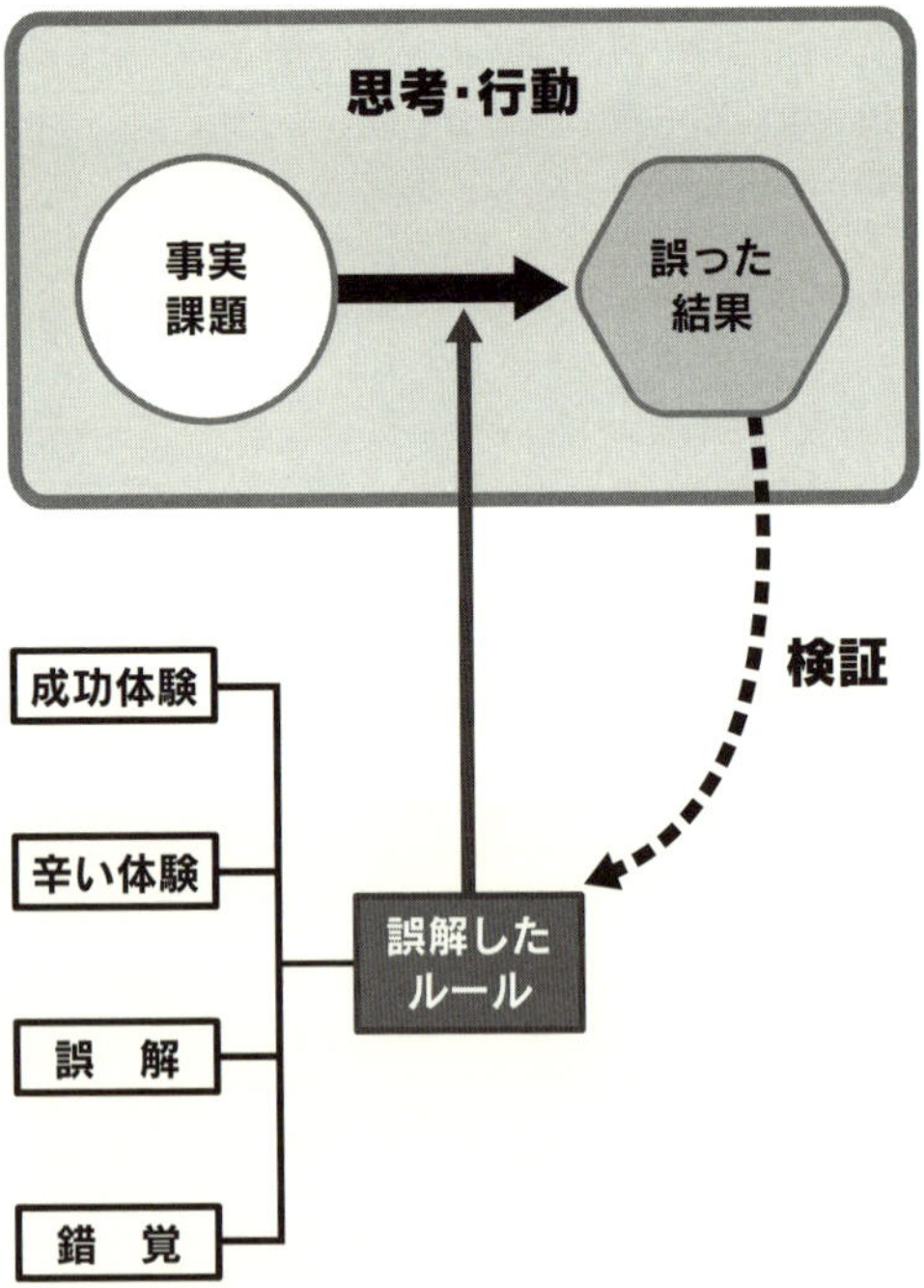

ルーしてしまう。

ところが、ある場面で誤った結果を引き起こしたときに、世間の人たちは誤ったルールを認識できる。もうおわかりだと思うが、まさしく正しく失敗しているわけで、誤った結果を導き出すルールを身につけてしまっていたのである。

人は正しいときは正しいルールを持っていることに気づかず、誤ったときにはじめて誤ったルールを持っていることに気づく。ここに、人間は失敗しないと学ばないといわれる本質が明らかになっている。

誤ったルールは、失敗することでそのルールの検証が行われる。これを「検証サイクル」と呼ぶ。誤らないようにするという行為は一見、正しいルールの上を歩いているように誤解されがちだが、実は正しいルールづくりの機会を失っているのである。学生には「失敗しないように人生を歩んでいる人は、死ぬ直前に自分の人生は失敗だったと気づくようにできている」と話している。

Chapter 6

どうすれば正しい思考になるのか？

～失敗こそ正しい思考を生みだす

思考の質を上げるには、まず自分が持っているルールを知ることが第一。第二は、ルールを確認する機会を増やすこと。第三はルールを修正していくこと。限定的な友人関係しかない人はルールを確認、修正する機会が少ないので成長しない。

判断ルールとは、ものごとに対する価値判断のことである。先人の価値観を学び取ることもルールを身につけることへの近道だ。具体的には、歴史、芸術、美術、哲学、倫理、愛、感動といった新しい経験を意図的にルールに入れ込むのである。その場合、歴史の事実に反応する必要はない。歴史をつくったルール、価値観に対する視点こそ大切なのだ。

自分のルール、価値感を確認する方法は簡単だ。学生に言っている、「隣のまさに成功のルール作り！
どうすれば正しい思考になるか

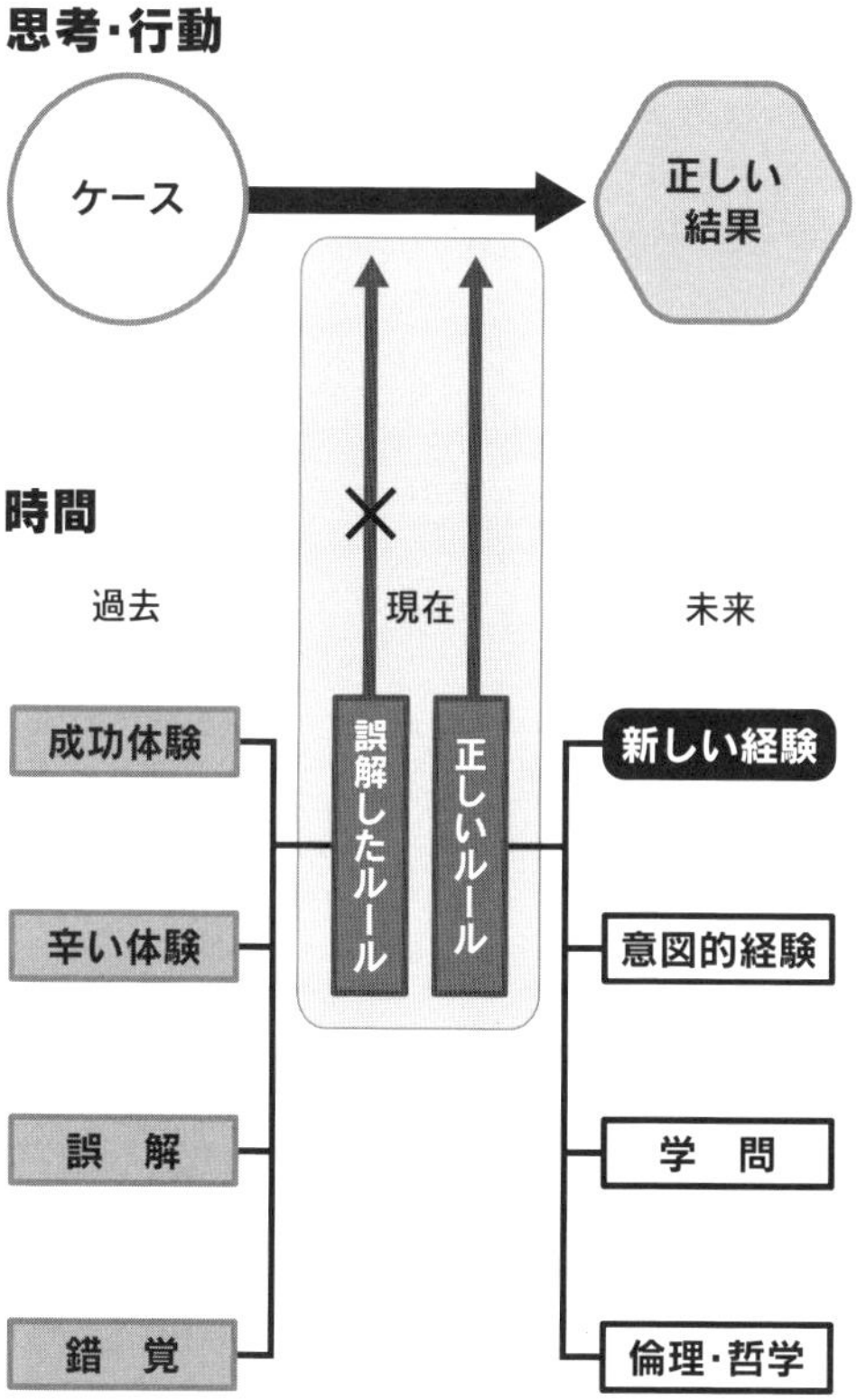

友人を見よ」と。もっとも長く一緒にいる人のルール、人格的レベルは君と同じだ。人格は移る、それは夫婦も同じ。だから人格的に優れたルールを持った結婚相手を見つけよ、そのためには自ら人格的に優れた者になれと伝えている。

思考の質を高くするためには、自分の価値観を明らかにする機会と修正をする機会を増やすということに他ならない。

現在の若者は議論を望まない、意見の対立を避ける傾向が強い。それでは、価値観の向上の機会を失っているといえる。多くの若者が平面的に見えてしまうのは、価値観の多様性に接する機会がないために、成長する機会を失っているからだ。

Lesson 2

人は違った現実に生きている。
その本質は？

Chapter 1

明るい現実、暗い現実？

～現実は思考が生み出したもの

さて、医局の場面に戻ってみよう。

テレビの映像から「いま」という一瞬の映像の連続が送られてきている。それをわたしたちは記憶という脳の働きで一枚一枚の映像を重ね合わせて現実の世界をつくっている。同僚は自分とは直接関係ない世界としてその映像を眺めている。一方、わたしは同じ日本で同時代に生きている人たちの苦しみの現実を感じ取っている。

このときに人がそれぞれ、違う世界で生きていることに気づいた。このことは、のちのちふれていくことだが、事実世界と現実世界がどういう構造になっているのか？　ということに突き進んで行くことになる。

たとえば、結婚したてのバラ色の世界、試験に落ちたときの灰色の世界、失

現実世界は思考がつくる

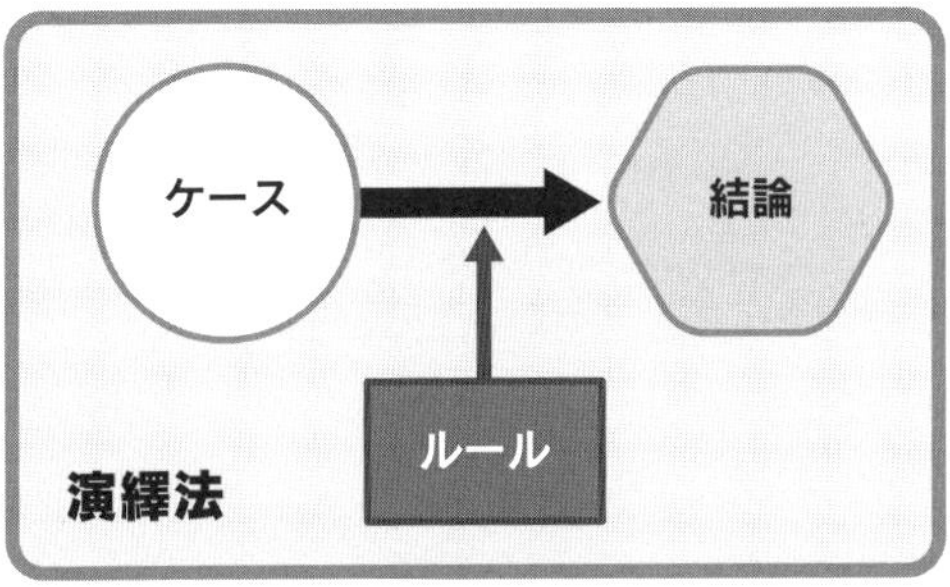

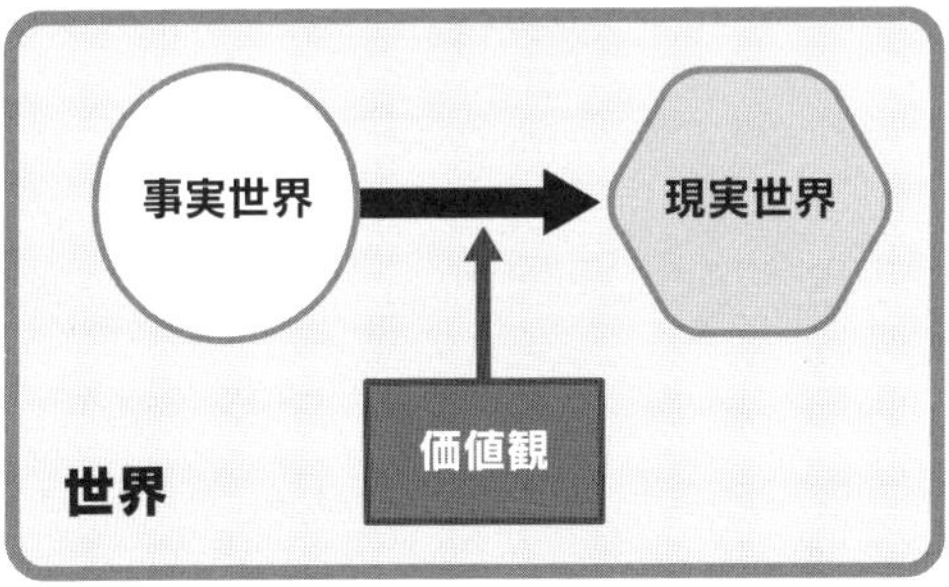

恋したときのどん底の世界。しかし、結婚するという事実をどう考えるか、試験に落ちたという事実をどう考えるかによって、現実の捉え方は変わってくる。

いったい、何が違うのだろうか？　どのようにしてこうした異なる現実がつくられるのだろうか？　実は、この違いは物の見方＝価値観だったのだ。

日本は急速に少子高齢化が進む。少子化と高齢化によって、悲惨な未来がやってくると考えている人も多いだろう。一方、ヘルスケア・ビジネス業界の人たちは、お客さんの数が増えるということで、このマーケットを虎視眈々と狙っている。同じ事実でも、現実は大きく変わる。

Chapter 2

事実と現実の間にあるもの
～人それぞれの価値観

諏訪中央病院のテレビの場面に戻ってみよう。あの映像は事実である。しかし、同僚の現実とわたしの現実は驚くほど違っている。しばしば、人は生きる世界が違うという。あの時、同僚とわたしは全く異なる現実に生きていた。

つまり、テレビに映った事実世界を異なった価値観を持って、異なった現実をつくっていたということなのだ。現実は、実は事実世界からそれぞれのルール（価値観）によってつくられたものである。同僚の見ていたスペクタルな映像と自分が観た悲劇的な映像というものは、それぞれの価値観によって生み出された、お互いにとっての現実だったのである。

Chapter 3

現実世界はどこにあるのか？

～脳の中にある現実世界

では、われわれが認識している現実とはいかなるものだろうか。明らかに言えることは、テレビの映像ではないということだ。テレビ映像が現実でないとすると、どこに現実があるのだろうか。

たとえば、目の前に一つのコップがあるとする。眼球を横から圧迫すると、二つのコップに分かれる。これはなぜなのだろうか。

見るということを解剖学的に考えてみよう。わたしたちが目の前にあると思っているコップは、眼球の網膜を通した像が脳の後頭葉の視覚野でコップの像をつくりだしている。このコップの事例で言いたいことは、目の前にある現実世界とは脳に映った現象だったということなのである。

事実が一つしかないのであれば、コップは一つに見えるはず。見えるコップ

デカルトの劇場
現実世界は脳に映った現象

は脳にある現象だということである。現実世界は事実世界をその人の経験によって、脳に映し出された像であるということがわかっていただけるだろうか。わたしたちが目の前の現実だと思っていたことは、脳に映った現象に過ぎないのである。

したがって、新聞から同じ記事を読んでいたとしても、同じテレビ番組を見ていたとしても、恋人同士が同じ風景を眺めていたとしても、それぞれの人が、それぞれ異なる現実を見ているのである。

「デカルトの劇場」という哲学領域ではよく知られた模式図がある。わたしたちが生きている現実は、外部の事実世界を五感を通して映し出したものであることを示している。

現象＝現実世界
現実は五感を通した映像

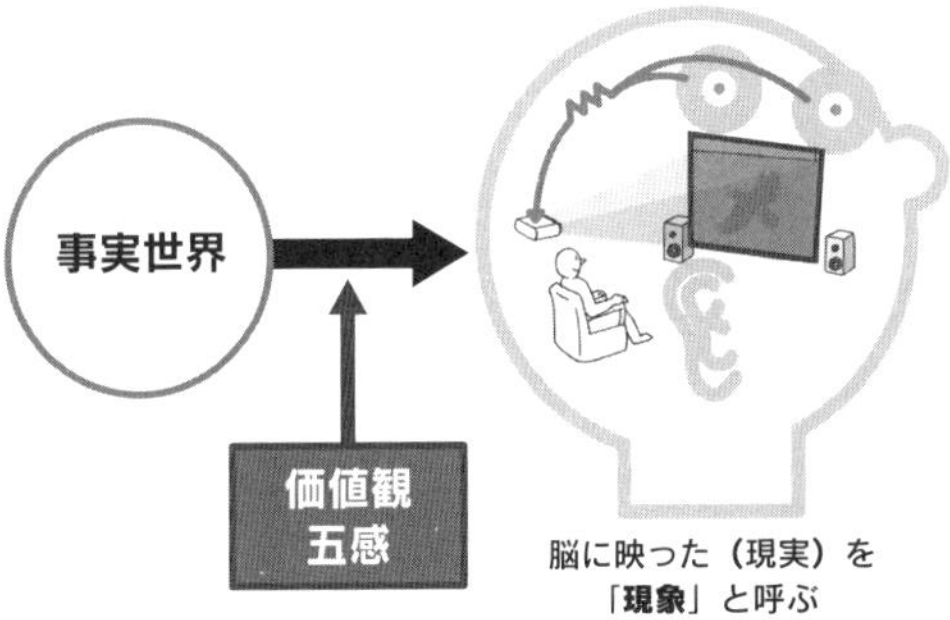

脳に映った（現実）を
「**現象**」と呼ぶ

Chapter 4

過去、未来はどこにあるのか？

～ことばが脳の中の世界をつくる

わたしたちは現実に生きている。これはどういうことだろうか。わたしたちは大切な思い出や貴重な経験などの過去をひきづりながら未来に向かって生きている。

みなさんは過去はあると思っているだろうか？　また、未来はあると思うだろうか？　この点をしっかり考えていただきたい。

過去の愉しい思い出やつらい思い出が記憶に鮮明にあることだろう。過去があるかと質問すると、ほとんどの人は「ある」と答える。どこにあるかと訊ねると「脳の中にある」と。

では、少し視点を変えて考えてみよう。たとえば、コンビニで９６０円の買い物をしたとする。店員から支払いを促されたときに、もしあなたが「お金は頭のなかにあります。１０００円札があります」と言ったとしたらどうだろうか。店員は警察か救急車を呼ぶことだろう。

では、逆に未来があるだろうか？　未来はつくりあげていくものであり、すでにできあがったものではないことは容易に理解できる。これから家を建てる場合に、すでに家があったらそこに家は建てられない。つまり未来はないのである。「私の未来がないなんて生きて行く自信がない」という学生もいたが、未来の夢が実現できないという意味ではないので誤解しないでほしい。時間としての未来がないということである。

さて、時間としての過去、未来はないことがわかった。当然ながらわたしたちは過去と現在、そして未来はつながっていると考えている。ところが、過去がない、未来がないとすると、現在の前後がないことになる。となると、現在の時間の幅は何秒程であろうか。このことに気がついたわたしも驚いた。わたしたちは幅のない現在の一瞬に生きていたのである。

過去も未来も脳の中の記憶とイメージにある。後にわかることであるが、過去も未来もことばがつくりだす。ことばを使わずに過去の記憶を思い出せるか？　たとえば「大学の合格発表」の記憶を、「大学」、「合格」、「発表」、そして「思い出す」という言葉を使わずに思い出せるはずがない。つまりことばが過去を呼び出すアクセスコードであり、さらに脳の中にイメージをつくりだすものだったのである。

未来もことばがつくりだす。過去の経験に基づき、これから経験するであろうことばをキーコードとしたイメージが未来なのである。少し話を先に進めすぎたようだ。これらのことはLesson4「ことばの役割」で解説する。ここでは「過去も未来もない、過去と未来は脳のイメージ」とだけ理解していただければけっこうである。

現実が脳の中の世界、過去も未来も脳の中のイメージ、だったらわたしたちが生きている「事実世界」がどうなっているか。それが次のLesson3である。

Lesson 3

事実世界はどうなっている？

Chapter 1

ないないづくしの事実世界

～色に色なし、音に音なし

現実が脳の中にあることはわかった。では、事実世界はどうなっているのだろうか。

わたしたちは真っ赤な夕焼けに感動を覚える。しかし、一緒に感動している隣の人が自分と同じ真っ赤な夕焼けを見ているかを証明する手だてはない。たとえ、その瞬間に同じ物を見ているとしても。

そもそも、わたしたちは脳内の現象として赤を感じている。

たとえば、わたしたち日本人に7色に見える虹は、赤から紫への連続の色彩である。同じ虹が英語圏では6色、アフリカのリベリア・バッサ語圏では2色にしか見えない。

事実はどうなっているかというと、理科で学んだ知識を思いだしてほしい。

虹の色は文化・言語によって変わる

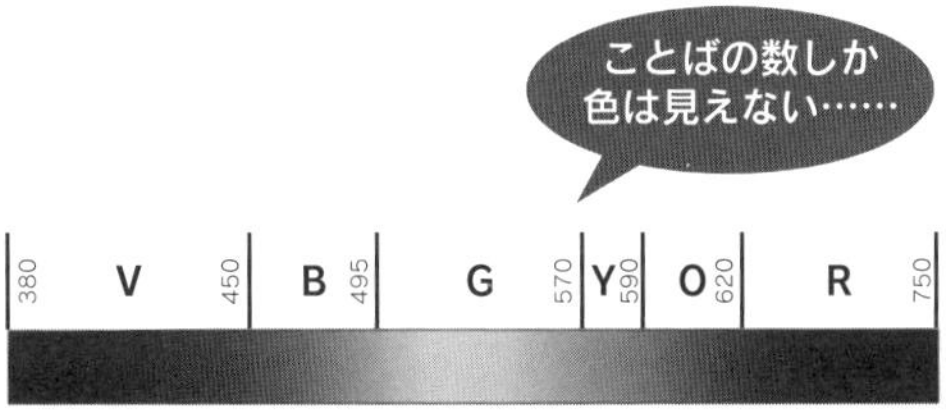

バッサ語（リベリア）	hui			ziza			
ショナ語（ローデシア）	cipsuka		citema	cicena		cipsuka	
英語	purple	blue		green	yellow	orange	red
日本語	紫	藍	青	緑	黄	橙	赤

参考『言葉とは何か』（丸山圭三郎・著、ちくま学芸文庫）

物理量と感覚(量)
物理量は感覚器、脳を通じて、
感覚（量）に変換される

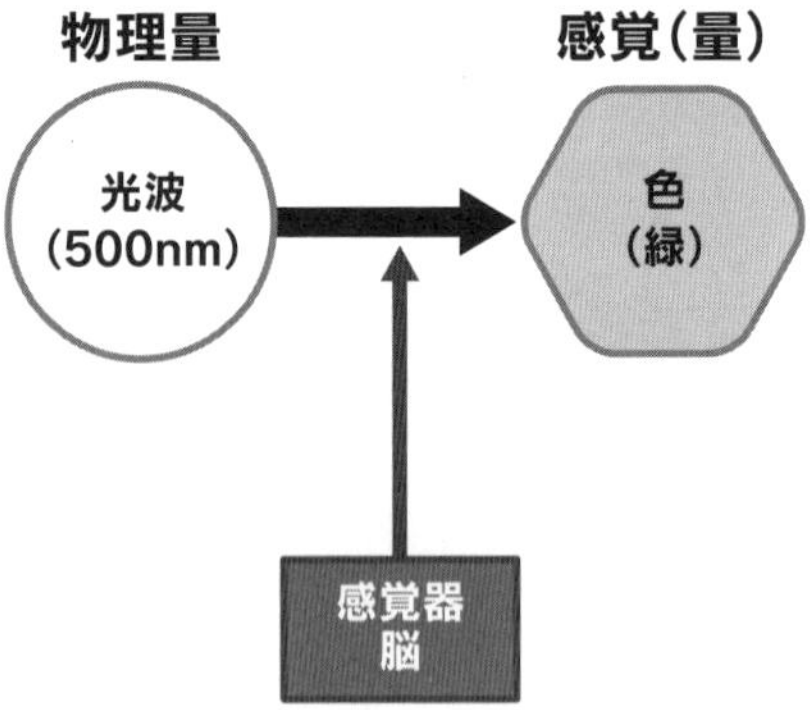

赤色とは、620〜750nmの波長の光である。外からの620〜750nmの波長の光を網膜が受けると、脳が赤と認識するようになっている。驚くべきことに外界の世界に色というものはなく、異なる波長の光があるだけだ。事実世界には色はない。

同じように秋に鳴く虫の音色。これは、特定の波長の音波の変動を鼓膜を通じで、側頭葉の聴覚が音として認識する。事実の世界には音波はあるが、音はない。

嗅覚、味覚、触覚など、あらゆる感覚量と事実世界の物理量は異なる。つまり、感覚量、いわゆるクオリアは脳の中で、感覚を通して認識しているのである。

Chapter 2

人がいないと世界はどうなる？

～無色透明の事実世界

わたしたちは甘いものが好きだ。それらを口にすると美味しいと感じる。なぜ甘くて美味しいと感じるかといえば、甘みのもとであるグルコースが脳の唯一のエネルギー物質であるからだ。わたしたちは美味しいからグルコースを摂取しているのか、グルコースが生体にとって極めて重要な物質だから美味しく感じているのか。

同じくステーキが美味しく感じるのも、肉が蛋白質、アミノ酸でできているからだ。

このように事実世界というものを冷静に厳密に考えていけば、色もない音もない味もない、静寂な無色透明な世界が現れてくる。

甘いのは「旨いから ?」、「大切だから ?」
味覚などの感覚量の本当の意味は？

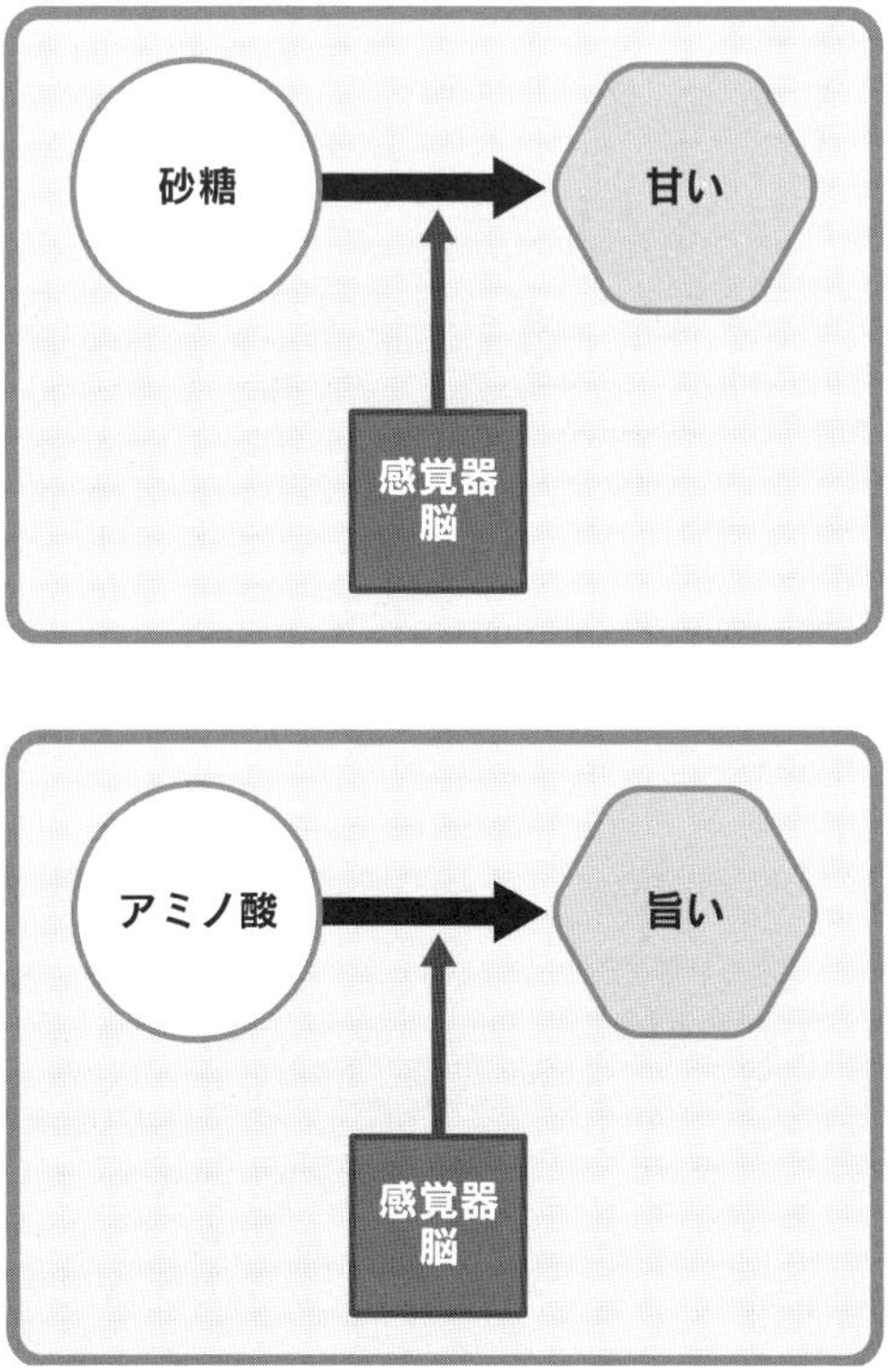

Chapter 3

世界を見ているわたしとは?

～実体のないわたし

ここで世界を見ている「わたし」について考えてみよう。まず「あなたはどこにいる?」という質問に答えてほしい。ここはゆっくり考えてほしいところだ。ここを乗り越えると世界の真実のひとつを手に入れたことになる。

「あなたはどこにいる?」と訊ねると鼻や、頭の中、心臓を指す人が多い。私は医師であるが、CTやMRIの画像の中に「あなた」を見たことはない。

あなたの鼻はどこにある? あなたの目はどこにある? あなたの脳はどこにある? では「あなた」はどこにいる?

あなたは体を確実に持っている。しかし「あなた」を探しても、どこにも見当たらない。わたしが生きる、わたしが死ぬ。「わたし」の体が死ぬことはあっても、体を持つ「わたし」自体は、生きているか、死んでいるかわからない。

あなた　はどこにいる?

「あなた」の鼻はどこにある?

「あなた」の耳はどこにある?

「あなた」の目はどこにある?

「あなた」の心臓はどこにある?

「あなた」の手はどこにある?

では?　「あなた」はどこにいる?

Chapter 4

見えているものはほんとうか？

～人は見たいものしか見えない

わたしに実体がなかった。そして現実とは脳に映った像だった。だとすれば、実体は事実世界のみ。だったら事実世界をしっかり把握すればよいと考えるだろう。

しかし、わたしたちに見えている世界は現実世界である。その現実世界を人はどの程度認識できるだろうか確認してみよう。

正しく認識するということの対語に「錯覚」がある。この錯覚は、生きるために身につけた人の特徴の一つである。

61ページに「ルビンの壺」という図を示した。同じ像を同じ人が見ても、見方によってまったく異なる。片方のルールが決まると、他のものは一切見えなくなる。人は見たいものしか見えない。それが人の認識の本質なのだ。

人は見たいものしか見えない

ルビンの壺

次は、『単純な脳、複雑な「私」』(池谷裕二・著、朝日出版社)で紹介されたピンクの斑点実験である。実際はネットで参照してほしい。これはピンク色の斑点を順番に時計回りに消していくというプログラムだ。その中心にある+に注目して見続けていると、不思議な現象が起こる。まずピンク色の点が緑色に変わる。さらに驚くことにピンクの斑点がすべて消えてしまう。事実はプログラムされた像である。にもかかわらず、色が変わったり見えなくなる。このように、わたしたちの認識、脳はまったく違った像として理解する。

以上の事実を換言すれば、人はあやふやな現実のなかで生きているともいえる。

脳が現実世界をつくっている
脳は自分の都合のよいように世界を書き換える

以下のURLを参照してほしい
http://www.asahipress.com/brain/pink.html

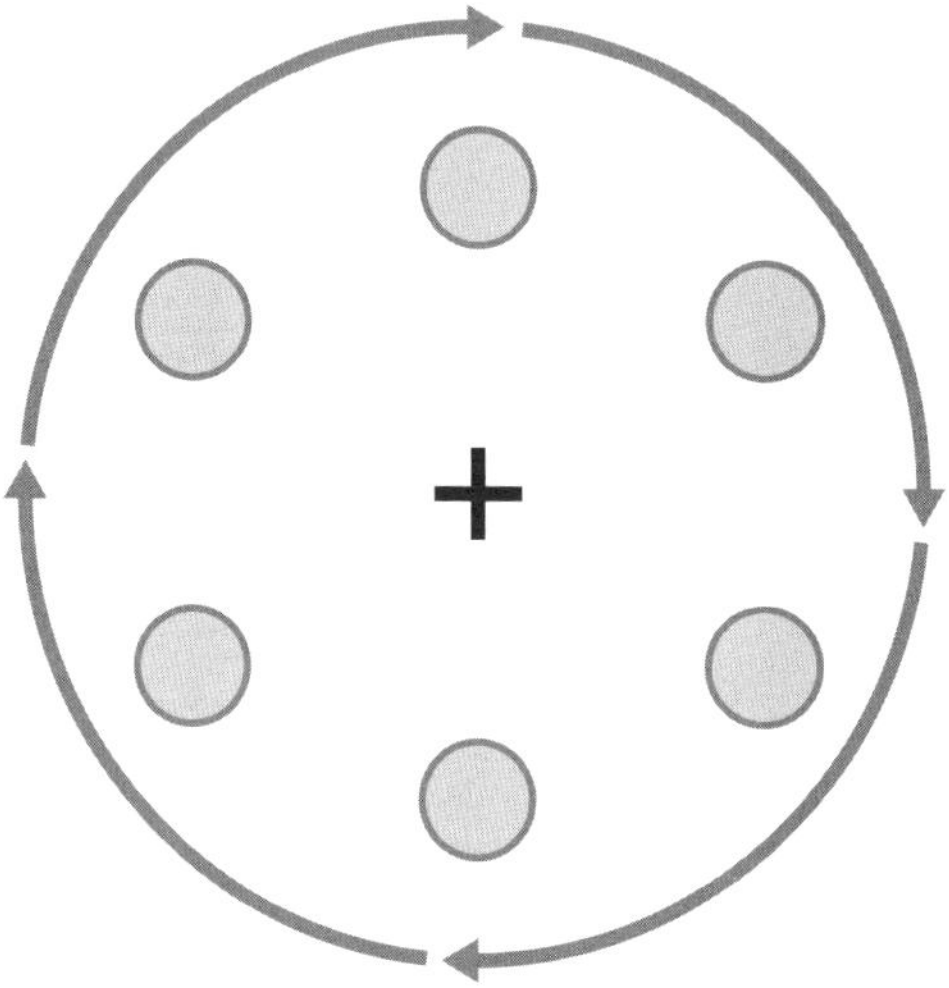

中心の ＋ を見つづけると

↓

丸いピンクの球が、緑色に、そして消える

錯覚は世界の認識能力

同じ長さの棒が異なった長さに見えるのは、
外の世界を立体的に認識するため

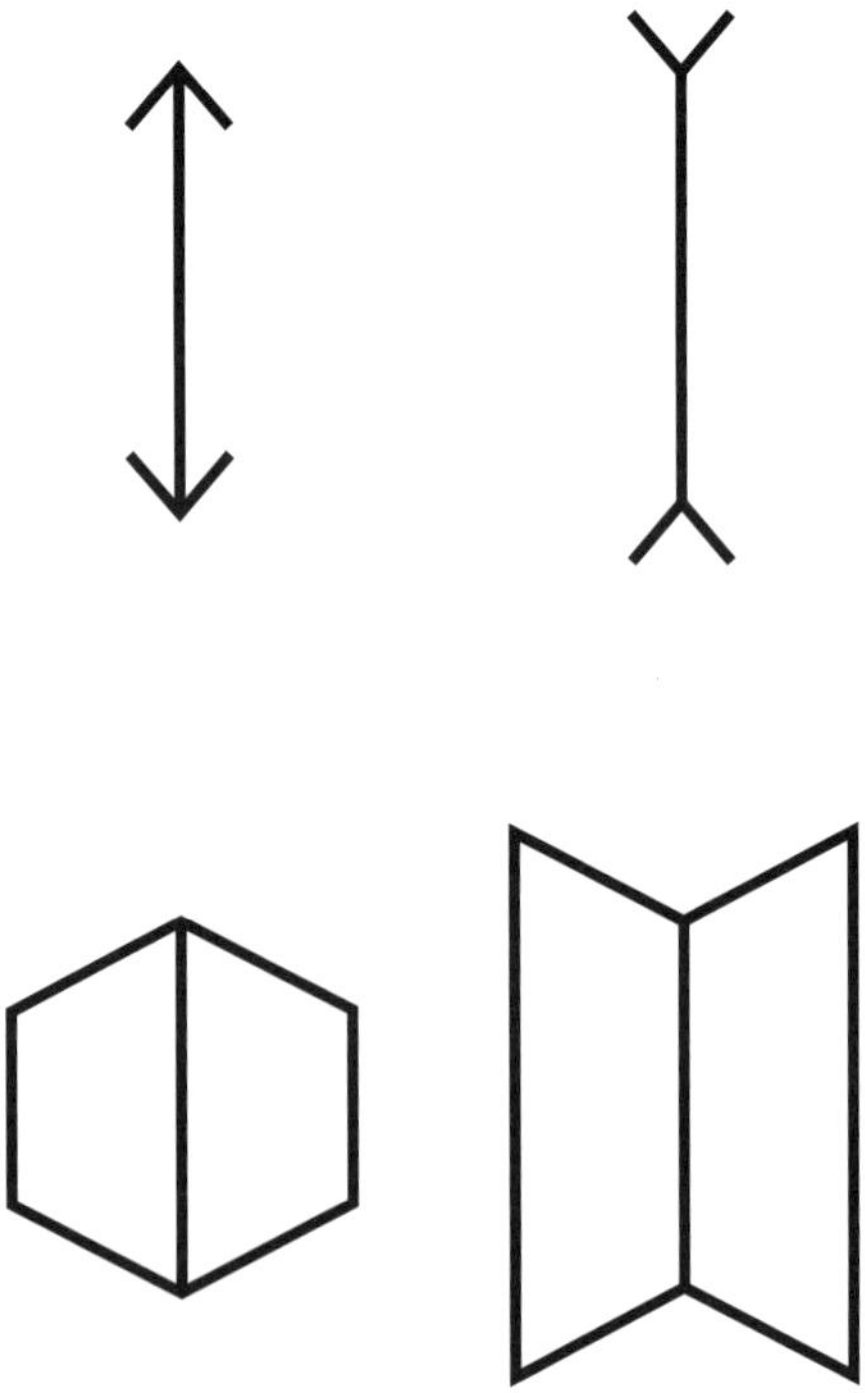

Chapter 5

人は事実世界には到達できない!?

～価値観こそが世界をつくる

わかったことは現実が事実世界を価値観でつくりあげたもので、事実世界こそが世界の実体である。しかし、その事実世界は現実を通してしか理解できない。にもかかわらず、人の認知能力はきわめてあやしいのである。

解剖学的に考えてみよう。見えているコップは、網膜、視神経を通して脳の視覚野に映される。コップにさわってみる。スベスベの表面の感覚も手の触覚センサーから末梢神経から脊髄、脳の身体感覚野で理解される。いかなる事実世界の物体は、人の感覚機能を通して、脳のイメージとして理解される。いかなる外部の実体にも脳は直接到達できない。

事実には到達できない、そして現実はあやふや、だったらわたしたちは何を根拠に生きていけばよいのであろうか。まさにそれが残った価値観なのである。

事実世界のみが実体（存在）
実体である事実世界に人は到達できない!?

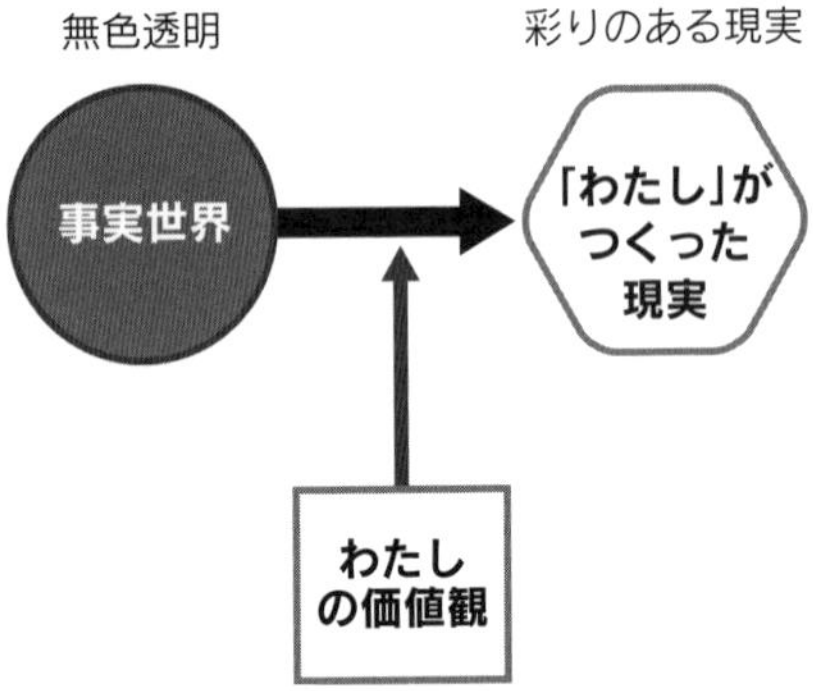

Lesson 4

世界をつくるのは価値観。
それはなに？

Chapter 1

価値観はことばでできている

～価値観が世界を彩っている

Lesson1で思考の構造について解説した。思考は帰納的に判断ルールをつくりだし、そのルールで演繹的に結論を導くのである。世界も同じ構造だ。過去の経験で帰納的に価値観をつくりだし、その価値観で事実世界を演繹的に現実化するのである。

判断ルールが違えば、結論が違う。価値観が違えば、現実が異なるということである。だから価値観こそが世界をつくっている根本で、世界の構造の秘密が隠されているのである。

ところで価値観とは、大切だ、美しい、好き、嫌いといったことばであらわすしかない。ことばなくしては、価値観はあらわせない。価値観はことばであるといえる。

思考と世界の論理構造

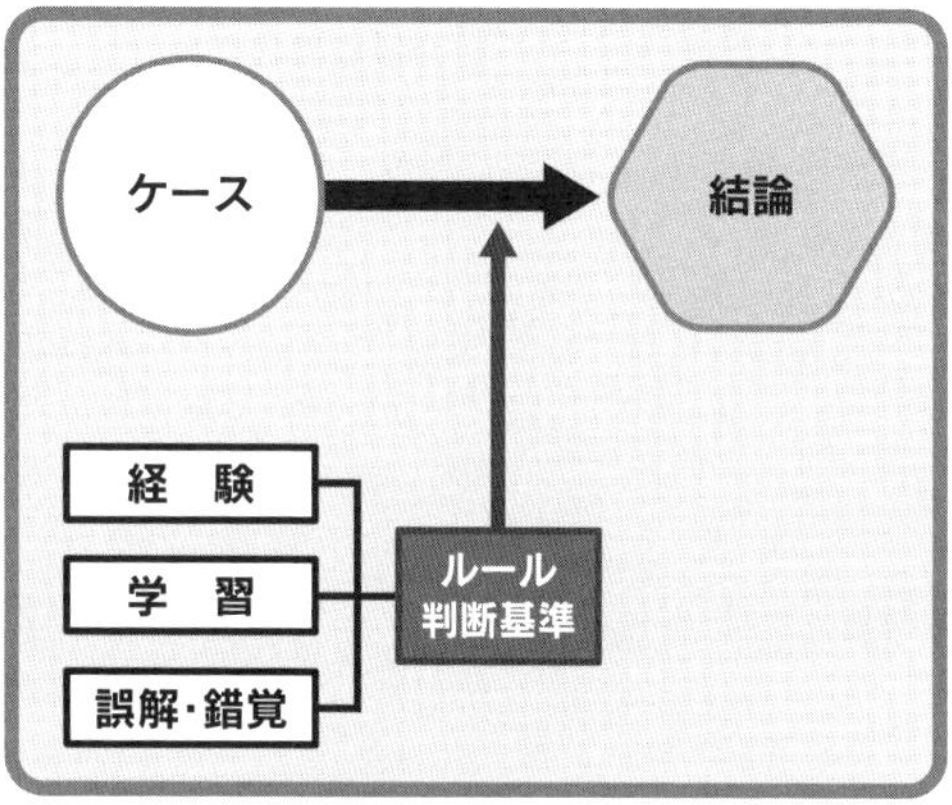
ケース
結論
経　験
学　習
誤解・錯覚
ルール
判断基準

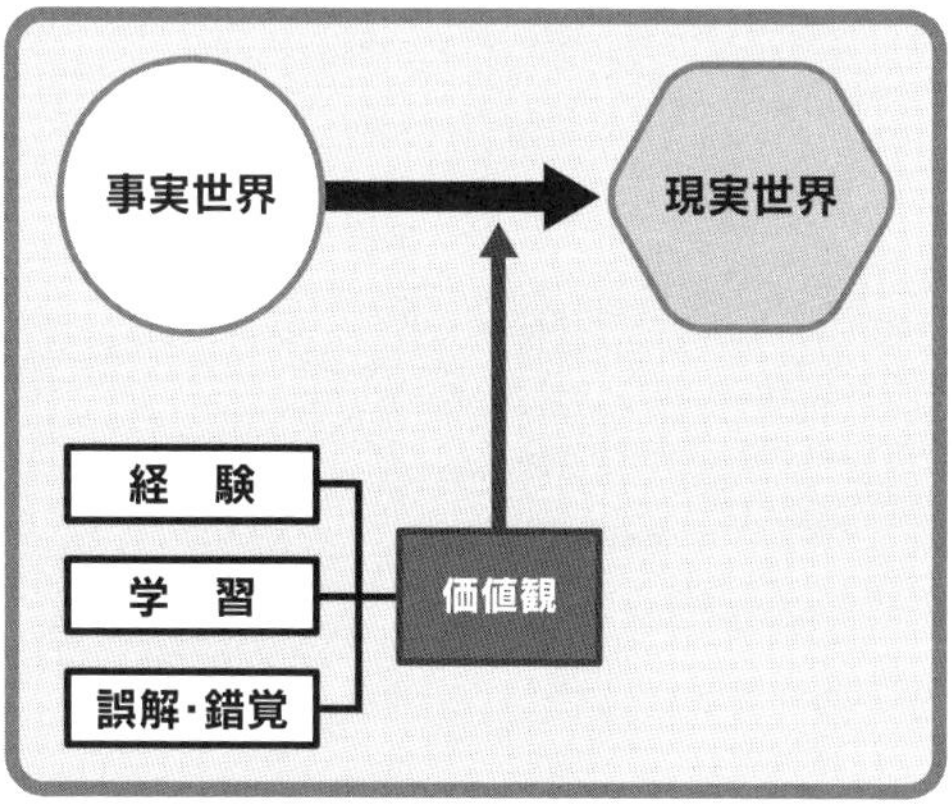
事実世界
現実世界
経　験
学　習
誤解・錯覚
価値観

違った面から、世界がことばでできていることを理解してみよう。実は論理構造とは、論理の空っぽの箱であり、そのなかにことばが詰まっているだけなのである。思考は帰納法と演繹法の論理の箱に、ことばが満たすことでおこなわれる。たとえば花好きのお母さんが、「桜の花が美しい」、「菊の花は美しい」と子供に指差しながら伝えたとする。子供は帰納的に桜と菊が花であることを知り、「花は美しい」という価値観を獲得する。子供は梅もあじさいも、美しい色とりどりの花に囲まれた世界を生きることになる。

世界も同じ論理構造の箱に、価値観であることばが満たされてできている。その意味で世界は「論理とことば」でできているといえるのである。

わたしたちは、意識しないでことばを修得する。だからこそ、ことばとその働きについてはほとんど意識しない。これから、この世界をつくりだしている「ことば」について理解を進めていくことにしよう。

Chapter 2

ことばは神がつくったもの？

～人がことばをつくりだす

ふだん何気なく使っていることばは誰がつくったのだろうか。ことばは「神がつくった」と信じられた時代もあった。しかし当然ながら、人間がつくったものだ。では、どうやってできあがったかを発達心理学的に見てみよう。

母親のことを英語で「ママ」と言い、中国語でも「ママ」と言う。わたしたち日本人は食事のことを「マンマ」と言う。ラテン語では、乳房のことを「マンマ」と言う。ばらばらの言語圏であるにもかかわらず、似たような発音であることは不思議に思える。

そもそも子供は、母親の乳房から食事をとる。おぎゃーと生まれて初めて出会うのが母親であり、母親からの初乳は感動的なシーンでもある。栄養が必要で食欲旺盛な乳児は、母親が痛がるほど乳房を吸引する。乳を欲しているにもかかわらず母親が離れると、乳首を吸引する動作から「マッンマ」と発声する。だから、食事のことを 日本では「マンマ」と呼び、ラテンでは乳房のことを「マンマ」と言うようになったのである。この例からわかるように、ことばというものはそもそも身体動作からでき上がっているのだ。

さらに、父親を呼ぶ「パパ」ということばも多言語にわたる発生形態だ。「パー」という語感は、外に向かう、つまり遠くに行く人ということを意味している。同じく父親を「ファーダ」と呼ぶ。それは「ファー・ダ」、「ファー」は「遠い」を意味し、「ダ」はドイツ語で示されるように「ここ」という意味である。つまり、遠くに行って狩りをして帰ってくる人をお父さん（父親）というのだ。日本語のお父さんということばも、遠くに行って帰ってくる「お遠さん」から呼ぶようになったはずである。

このようにことばは神がつくったものではなく、人間がつくったのは確実だ。では、そのことばがどのようにつくり広げられたのだろうか。わたしたち

言葉の誕生

●マンマ(飯)、ママ、マーダ…

お母さんの母乳がマンマ(吸引発音)
お母さんがいなくなる…マンマ…ママ
お母さんがいなくても、
ママと魔法の呪文を唱えると、脳の中にママのイメージ…
↓　実体として存在していると錯覚(?)する

●Papa、Father、お父さん

遠くにいくから

●Other

「マンマ」(m)をくれない人は他人(Other)

は比喩＝修辞学、「喩《たとえ》」を使ってものごとの理解を広げていく。ことばも同じなのである。

カエルを例にとってみよう。雨のときに出てくるカエルを「アマガエル」と名付けた。大きな目で気品のある殿様のようなカエルを「トノサマガエル」、あまりにも巨大でグロテスクなカエルを「ウシガエル」と呼ぶようになった。

これらを「隠喩」という。そしてこれらを帰納的に特定の一つのカテゴリーをつくることを「提喩」といい、カテゴリーのプロトタイプ（元型）を定義する。この定義がカエルのルールとなる。その後は初めて遭遇するカエルすべてを、演繹的にカエルとして認証される。この操作を「換喩」と呼ぶ。このようにして、「喩《たとえ》」と呼ばれている操作を行うことによって、ことばを拡大していく。それが新しいことばを生み出す方法である。

重要なことは、ことばは人が論理構造を使ってつくりだしているのである。逆に論理構造を使えば、わたしたちもことばをつくれるということだ。

ことばは「喩」によってつくられる

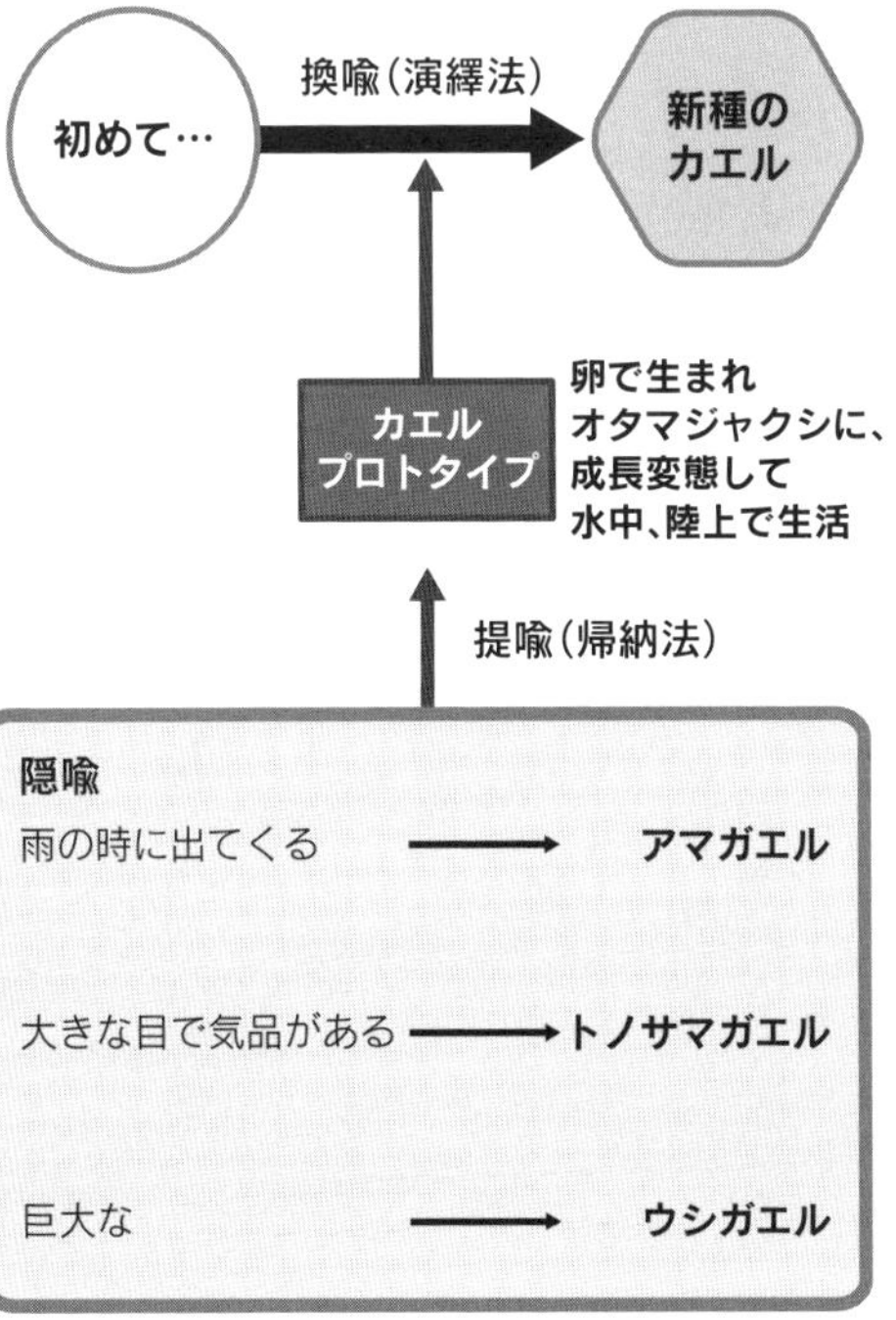

Chapter 3

ことばの役割
〜ことばが脳の中で現実をつくる

さきほどの「ママ」の話に戻ってみよう。母親が目の前からいなくなると、母乳を欲しがる乳児はママと叫び、そして泣き止む。「ママ」ということばが脳の中で母の像を結ぶのである。事実世界の事象をことばにすることで、脳の中に現実をつくりだす。これがことばの本質的な役割で、ママがいなくなってもママがいるかのように錯覚させるのである。

ことばは外部にあるものを脳の中で像として結びつける。その像が現象、現実となる。したがって、ことばがあって初めて脳の中に現実がつくられる。ことばがなければ現実はないし、現実をつくることはできないのだ。

Chapter 4

ことばは不安定
～ことばには実体がない

脳の中に世界をつくりだすことば。このことばについて、さらに理解を深めてみよう。

これらのことばの意味について考えてみる。

わたしたちはある特定の波長を受けると赤色と感じる。赤色というのは、自分の赤色と他人の赤色が同一であるかわからないということはすでにふれた。その「赤」ということばをどのように説明するかを考えてみてほしい。赤を説明するのには、青でない、紫でないというように、他のことばの否定でしか示せないのである。

ことばは、そのことば自身では示せない。それがことばの不思議さのひとつなのだ。

さらに、ことばには実体がないということが重要だ。

わたしたちは学校の机、仕事場の机、展示されている机というように、共通する机という概念は持っている。しかし、その机そのものに実体がないことには気がつかない。

「学校はあるか？」と問うと、なるほど学校の校舎はある、学校の運動場はある、学校の先生もいる。しかし、学校は存在しない。

では、日本という国はあるのだろうか。日本の国土はあり、そこに住んでいる国民もいる。しかし、いったい日本の国はどこにあるか。お国のために死んで行く、強力な国家と呼ばれるものも実は実体がない。

このことはじっくり考えてほしい。これがことばが誤解と錯覚を生みだす理由である。

ここで多くの学生がつまずく。少し視点を変えてお話しよう。

わたしはうつ状態の外来患者を診る機会が多い。しばしば「責任の重さにつ

ことばの不思議

●ことばは、そのことばの否定でしか示せない

$A=\bar{\bar{A}}$　　赤色　美しい

赤色	・青色ではない
	・白色ではない
	・黒色ではない
	・
	・
	・
	赤色でない色でない

●ことばには実体がない

プロトタイプには実体なし　学校、お金、会社、国

||

存在しない国のために
人は死ぬ……！

ぶされた」という患者さんに出会う。

彼らに「責任はありますか？」（責任は存在するか）と訊ねると、異口同音に「ある」と答える。「重いですか」と訊ねると「重い」と。そこで、その重さは何トンかと聞くと、一様に首を傾げる。さらに、「あると言った責任はどこにあるか」と聞くと、答えられない。

目の前の患者さんには、現実の重い責任がのしかかっている。事実世界と現実の違いがわかる人にはわかるが、責任は脳の中にあり、責任を感じているのも脳なのだ。事実世界というものの中には、責任は存在しない。

ことばには実体がない。これはきわめて重要だ。

Chapter 5

私は価値観

～ことばで「わたし」を磨く

価値観はことばである。そのことばの働きにより脳に現実をつくりだす。無色透明の事実世界の中から、価値の彩りをつけるのは「わたし」である。人は、「わたし」の見えない価値観で評価される。

では、高い価値観をつくるにはどうすればよいのか。そもそも価値観はことばだった。ことばを磨くことで、価値観を磨かれる。だから高い価値観を持つ友人たちと、会話、討議、議論を続けることで、「わたし」は磨かれていく。

Chapter 6

世界は不安定

～世界は不安定、だからつくり治せる

世界は「論理とことば」でできている。論理は演繹法、帰納法で構造的にはきちんとしている。しかしながら、ことばはこれまでみてきたようにきわめて不安定だ。しかし、これがこれからの応用編のポイントとなる。

Lesson5 で世界をつくり治す、Lesson6 は世界をつくりだすと、まるで神のような表題を掲げているが、ことばの不安定さがゆえに、世界は不安定である。だからこそつくり治す、つくりだすことができるのだ。

思考において判断基準が異なれば、結論が異なってくる。同じように現実も価値観が違えば大きく変わる。人は嬉しい現実、悲しい現実に生きている。現実をつくりだせるなら、思い通りの現実に生きてみようではないか。

Lesson 5

世界をつくり治す

Chapter 1

現実をつくりだす価値観

～価値観をあぶりだす

ここまでで、事実世界から現実をつくりだす価値観こそが重要であることが確認できた。思考も現実のどちらも、価値観（ルール）が重要なのだ。

たとえば不適切な考えを持っている人は、不適切な世界観＝価値観を持っているということだ。では、どうしたら適切な考え方、現実をつくることができるのかを考えてみよう。

合理的な価値観を持った人は、合理的な判断と行動をすることができる。一方、非合理的な価値観を持った人は、非合理的な判断と行動に陥ってしまう。

たとえば、ある試験に落ちた二人がいるとしよう。ひとりは試験に落ちたのは、自分の準備が悪かったことだと反省し、次の試験に向かって動き出した。もうひとりは、試験を落とした教官に対して恨みを持ち、もしくは自分は勉強できない人間だと中途退学してしまった。その後の二人は大きく将来が変わる。

このように同じできごとに対して、大きく異なった判断行動をとるのも価値観の違いなのである。

学生時代は社会人になるための準備期間である。だからこそ非合理な価値観を持っていれば修正すべきである。

ここで、家族と対話を拒絶した不登校の女子高校生の話をしよう。わたしは「君にとっての家庭とは？」という質問をした。最初は「キライ」、「暗い」、「重たい」と答えていた彼女に、さらに家庭に対するイメージについて質問を続けた。すると、最初は家庭に対する否定的なイメージばかりが浮かんでいたものが、次第に肯定的なイメージの像が現れるようになった。

彼女の事例で明らかになったのは、潜在的には理想の家庭像を持っていたということ。しかし、彼女がつくりだした現実の家族像とのギャップに悩んで不登校を繰り返していたのだった。

彼女にお父さん、お母さんの現状や自立を促す親の意思を理解させたところ、たちまち彼女の生活態度は回復した。加えて、過去に執着した考えを未来の夢に入れかえたところ、すみやかに生活は正常化した。

家族や教師、そして医師も彼女の態度を長年修正しようとしていた。問題は態度ではなく価値観にあったのだ。

すなわち、家族とのコミュニケーションの絶対的不足により、また学校に行かないことで新しい人間関係をつくれなかったことで、そして学習不足による価値観育成ができなかったのである。

価値観をあぶりだす
次第に肯定的なイメージがあらわれた

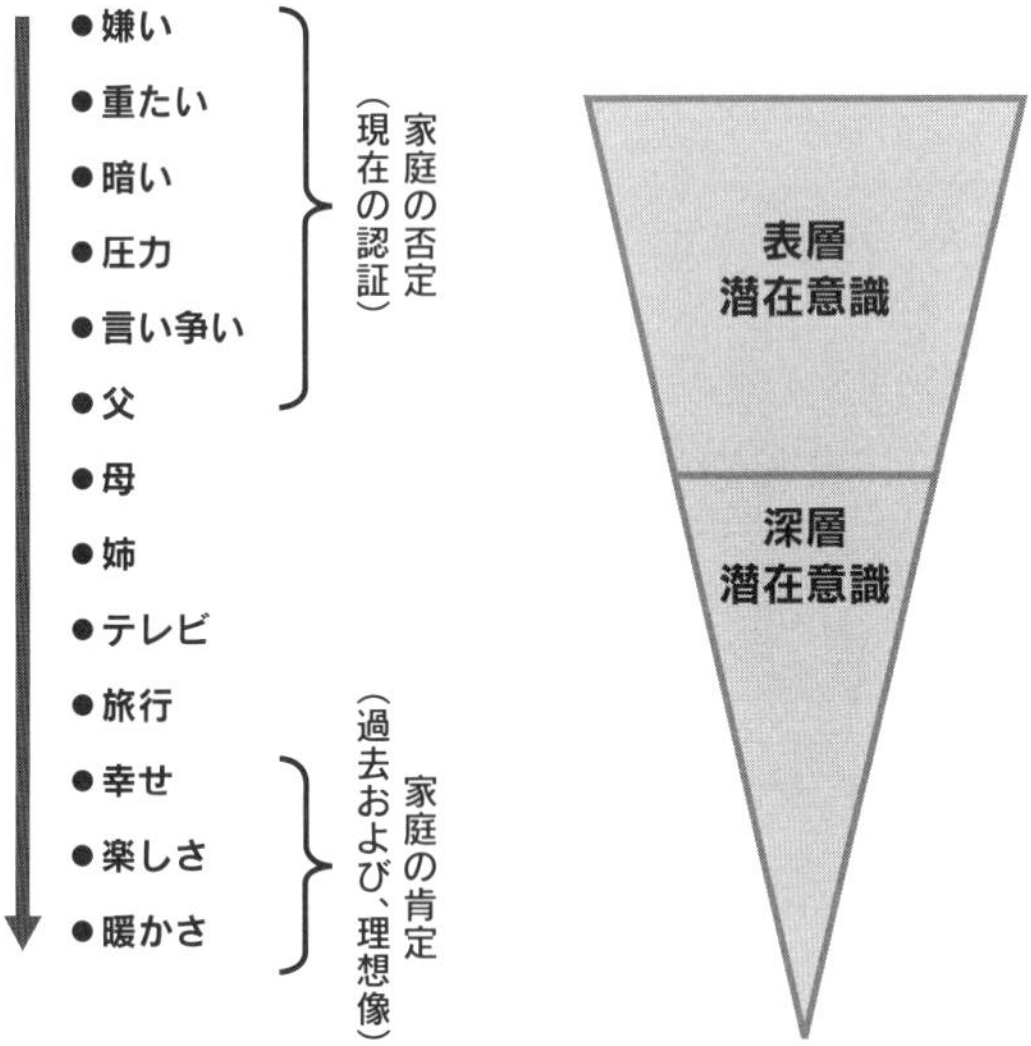

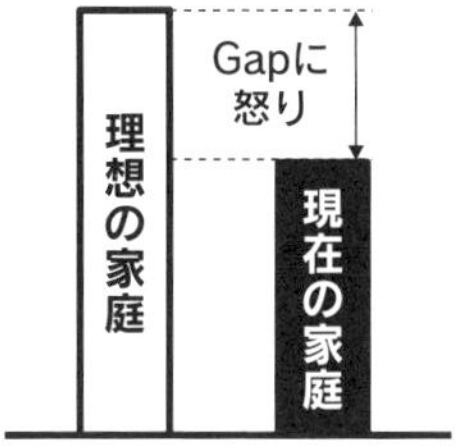

Chapter 2

価値観がつくりだす「悩み」

～人は正しく論理的に病気になる

では、ここでどんな治療法を行ったかを再確認してみよう。

彼女は非合理的な価値観を持っているがために、不登校という非合理な行動をしていた。面談では、非合理的な行動に注目せず、その価値観に注目しあぶりだした。そして、世間話により人間関係を構築した上で、彼女の持っている価値観というものを効果的な新しい価値観に変換させたのである。

大学生でも、学業不振や中途退学、友人関係の悩みなどでつまずいている者もいる。眠れないという女子学生の理由は特に恋愛関係の悩みが多い。

それらの学生については、共通の未成熟な価値観が認められる。たとえば次のようなものである。

・なんでも完璧であるべきだ

学生が持ちやすい非合理的な価値観

非合理的価値観

- 私は他人を嫌ってはいけない。全員愛すべきである
- 私が愛する人は、私のことも愛すべきである
- すべての事象は予定通りに達成すべきである
- 友人同士、恋人同士に絶対秘密があってはならない
- 約束(デート)には、絶対遅れてはならない

▼

合理的価値観

- …は望ましいが、今回でなくても…
- 悪い事態だが、耐えられないものでない
- 気に入らないけど、我慢できる
- ……物事に絶対はない
  物事は複雑なことも起こりえるものだ

・人を嫌ってはいけない
・人はわたしを愛すべきだ
・人間関係は円満で意見は同じであるべきだ

といった、きわめて清廉潔白、聖人君子的である。純白の学生ほど悩みが深い。人間は、非合理的な価値観を持ちやすい。自分に対して、あるいは他人に対して、また社会はこうであるべきという非合理的な価値観を頑なに持ち続けると、思考が崩れる。また、この価値観が世界をつくりだしているので、きわめて生きにくい世界像の中で暮らして行くことになる。

問題にぶつかりながらも合理的で柔軟な価値観をつくりだしていくことが、生きて行く上で重要なポイントとなってくる。

Chapter 3

価値観をつくり治す

～正しい思考が正しい世界をつくること

世の中ではポジティブ・シンキング＝楽天的な思考がもてはやされている。しかし、ネガティブ・シンキングも大切だ。物を生み出すときにはポジティブ・シンキング、つくりあげた後は、精度を上げるにはネガティブ・シンキングが道理である。

私たちが生きている世界は、脳に映る現象＝無色透明な世界を価値観によってつくりだしたものである。高校生の例のように非合理的な価値観を合理的な価値観に変えることができるはずだ。すると、合理的な世界があらわれることになる。

合理的と非合理的とは

大切なネガティブ・シンキング

不適切なネガティブ感情

- 過剰な精神苦痛や不快
- 自滅的な行動
- 目標達成行動を妨げる

適切なネガティブ感情

- 凍結状態に陥らない
- 自発啓発的運動へ向かう
- 目標達成への行動を遂行する

Chapter 4

ことばがつくる世界の真実
～「いま、ここ、わたし」

これまでをまとめると、事実世界は「いま、ここ」の無色透明の一瞬の画像。それを見たいものしか見ない「わたし」が、ことばと錯覚で脳の中に現実をつくりだす。そして、ことばによる記憶で時間さえつくりだす。実体のない「わたし」が、現実世界の立体空間だけでなく時間もつくりだすのである。ブッダのいう「空」、ヴィトゲンシュタインの「言語ゲーム」、レヴィー・ストロウスの「構造主義」、スピリチャル系の「いま、ここ、わたし」、映画「マトリックス」、すべては一つの世界の真実を違った面から見ているのである。

「わたし」が時間と空間（時空間）をつくりだす

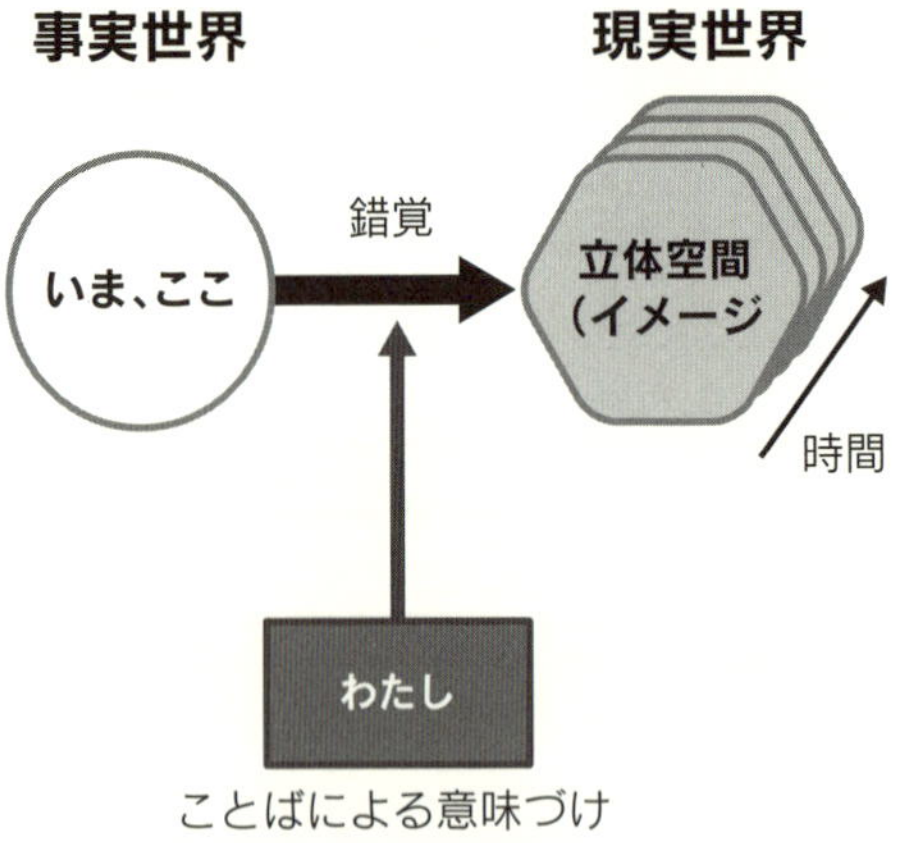

Chapter 5

現実世界の現実
～現実を外からみると

　これまでわたしたちは現実世界が目の前に広がっており、その現実の中に自分がいると思ってきた。中から見る現実は修正不可能であり、与えられた所与のものであるとしか思えない。目の前に起こるできごとは、よくも悪くも突然降ってくる。そして、その現実にどう対応するかが生活すること、生きることであると考えている。

　ひとたび世界を理解し、現実世界を外から見ると自分でつくりあげた現実の中でもがき苦しんでいる自分を発見するのだ。

　経験上「人はそれぞれの現実に生きている」と感じることが多い。しかし他人の現実は間違っている可能性はあるが、自分自身の生きる現実に間違いがあるとはまず考えない。

以下の「清水の現実」から「あなたの現実」について考えてみて欲しい。

「追い込まれた清水」

45歳の誕生日を迎えた清水は、つねに同期のトップを走ってきた。古い体質の会社のなかで、先輩に対しても仕事ではしっかり意見を伝えてきた。清水は「仕事ができる」という評価もあるが、非難があることもわかっている。そんな清水を、現在の上司である菅沼部長は公私ともに支援してくれている。

他人からは順風満帆に見える清水にも心配ごとはある。菅沼が異動し、その後任候補が後藤だ。清水の2年先輩に当たる後藤は、営業上のライバルでもある。後藤からは個人的には好かれてはいない。「後藤さんだったら冷や飯を食べることになるかもしれないな」。

高い営業成績で評価されてきた清水だが、管理職となって時間がとれずに個人業績には不安を感じていた。

そんな清水に週明け月曜日の朝、菅沼から「伝えたいことがあるので、木曜日の夜を空けておくように」と。なにごとかと多少気になったものの「わかりました」と伝え、いつものように仕事についた。

午後は月例の業績発表だ。3部にわかれた営業部で、今回も清水の所属する第2営業部がトップである。個人業績のトップは当然自分と思っていたが、なんと直属の部下加藤だった。清水は心の中で裏切られたと感じた。管理業務をやっている間に、加藤が自分の顧客を根こそぎ奪っていたのだ。「そういえば、加藤のやつ、『私、清水さんの分まで頑張っています』と笑顔で話していたが、あれはこの裏切り行為の説明だったのか」。

部ではみんなが加藤を祝福している。菅沼も、その祝福の輪の中心にいる。いてもたってもいられなくなり、清水はトイレに駆け込んだ。「なぜ加藤なんだ。しかも菅沼部長が喜んでいる……」。

その後はどんな仕事をしたか記憶もない。菅沼から「清水、顔色が悪いぞ。時には早く帰って家庭サービスでもしろ」。急ぎの仕事もないので菅沼の指示にしたがって帰宅することにした。

翌火曜日は、何もなかったように1日を過ごした。加藤は、以前にもまして、へらず口をたたきながら元気に仕事をしている。「清水さん、えらくなってでも一緒に仕事させてくださいね」などとふざけた発言に対して、冷静に対応するのが精いっぱいだった。「このままだと業績評価が上がらない」と気持ちは焦るが、仕事は相変わらず得意と思えない管理業務に追われている。

昼食になった。この日は、だれからも誘いがない。仕方がないので一人で仕事を続けた。午後の業務が始まると、なぜか全体の雰囲気が違っていた。日頃は気軽に話しかけてくる部下たちがよそよそしい。午後3時を過ぎて「お客さんと会って、その後直帰する」と伝えて、いつもとは違う階段を使って退社することにした。階段脇の会議室から菅沼部長と加藤の声がし、隙間から後藤さんも見える。なぜ後藤さんが菅沼部長と、しかも私でなく加藤と討議しているのか？

帰宅した清水は、自分に何が起こっているのかを考えていた。清水には突然世界が変わったように感じた。輝いていたこれまでの自分が消えて、どこにでもいる普通のサラリーマンになってしまったようだ。「そういえば菅沼部長、明日の夜に話があると言っていたな。後藤さんの部長就任のことか？　まさか、業績が上がった加藤を俺の後釜にする気じゃ？」。日頃はベッドに横になるとたちまち睡魔がやってくるのに、その夜は眠れないということを初めて経験した。

木曜日、夜は菅沼との面談である。菅沼部長から「本日18：30公園横の喫茶店へ」とメールが届いていた。なぜ社外なんだ。会社だと言いにくいことなのか？

相変わらず部下たちは、加藤を中心に笑顔で話をしている。先週までは、自分がその輪の中心だったのに。部下たちは当たりさわりのない態度で、いや確実に自分を避けている。「どうせ左遷される、さわらぬ神にたたりなしということか」。昼食後に席へ戻ると、女子社員たちが、こちらを見て話をやめた。なにやら女子社員にさえ、同情されているようだ。「もう俺もおしまいだな」。17時になると菅沼が「今日は時間に遅れないようにな」と声をかけて出ていった。18時をすぎると一人、また一人とよそよそしく帰っていく。「なんだ、俺がいると残業も一緒にしたくないのか」。普段は社員でいっぱいの木曜日の夕方、18時15分には最後の加藤が「お先に失礼します」と退社した。

なぜかさみしさと怒りがこみあげてくる。指示された喫茶店に向かうと、重い空気に体がからめられ、前に進むのが苦しく感じた。不思議な現実だ、まるで世界全体がゆっくり流れているようだ。店に到着すると、人の気配はするものの室内が暗い。「妙だな、休業日か?」、おそるおそるドアを開けた。

すると突然照明がつき、菅沼部長、加藤、そして後藤さん、また部下たちが目に入ってきた。みんなが笑顔で清水を迎える。クラッカーの破裂音のなか、「清水部長おめでとうございます」と口々に祝福のことばを発している。加藤は「清水さんの部長実現のために部門一丸になって仕事してきました。火曜日のお昼に清水さんの部長就任と今日の祝宴を知らされました。これからもずっと清水部長と一緒ですね！」と笑顔で話しかけてくる。

後藤さんは「お前の業績は皆が認めるところだ。俺自身が清水の力を認めていると人事部に推薦させてもらった」。

菅沼部長は「おめでとう！　君の若さで部長就任は創業以来だ。おれは取締役として現場から離れる。俺の育てた営業第二部は、もっとも信頼している清水に継いでほしかった。社長にはそれが取締役就任の条件だと伝えた。人事部にはてこずったが……」、「さあ、今日は、お前の部長就任と、俺の取締役就任の祝いも一緒だ。大いに飲もう！」と声をかけた。

さて清水の一週間、夢だったのか？　現実だったのか？　現実と事実とは違う。過去の現実が事実ではなかった、そのような経験も何度かあるはずだ。しかし人は、「現在の現実」は事実以外にありえないと思う。

事実をどう解釈するかが現実であり、現実は事実の個人的解釈でしかない。個人の考えが現実、その中であなたは生きていると考えている。いかなる現実も、あなた自身の責任でつくられている。この事実は重い。

これまでは個人の頭の中の現実を扱ってきた。次のLesson6では、社会の現実を扱うことになる。

Lesson 6

世界をつくりだす

Chapter 1

これまでのまとめ
～論理とことばで世界はできている

これまで話してきたことを整理しておこう。

思考は論理構造（演繹法と帰納法）とことばで行う。現実もまた論理構造とことばでできている。現実は、無色透明な事実から、人それぞれが価値観によってつくりだしたものである。

価値観はことばで、そのことばをわたしたちはつくりだすことができる。そして、ことばはきわめて不安定で、だから現実も不安定である。よって、現実は修正が可能なのである。たとえば価値観を修正することで現実を修正し、病気や不適切な行動さえ修正することで治すことができるのである。

これらのことを頭に入れた上で、応用編として「世界をつくりだす方法」へ進んでいきたい。

これまでのまとめ

① 現実は「論理構造とことば」でできている

② 現実は人それぞれの価値観によって
つくりだしている

③ 価値観はことばであり、
ことばは「喩」によってつくりだすことができる

④ 価値観であることばを変更することで
現実は修正可能である

↓

応用編として「現実世界をつくりだす方法」へ

Chapter 2

演繹法が世界を切り出す

～定義が世界をつくる

演繹法が思考と現実をつくりだす。逆に思考と現実の仕組みから、演繹法の本質的な働きを理解してみよう。

ある質問が与えられたとき、わたしたちはあらゆる答えが可能である。にもかかわらず、わたしたちは質問に対する判断基準を適応することで、限られた答えを導き出す。同じく、わたしたちは事実世界からあらゆる現実を生み出すことができる。にもかかからず、それぞれの価値観によって、限られた一つの現実を選びとってしまう。

演繹法とはあらゆる可能性の全体から、判断基準、価値観によって限られた部分を取り出すものなのである。演繹法は世界を生み出す。それは価値観に彩られた部分世界である。

演繹法は部分世界を切り出すルール
価値観が切り出しナイフ

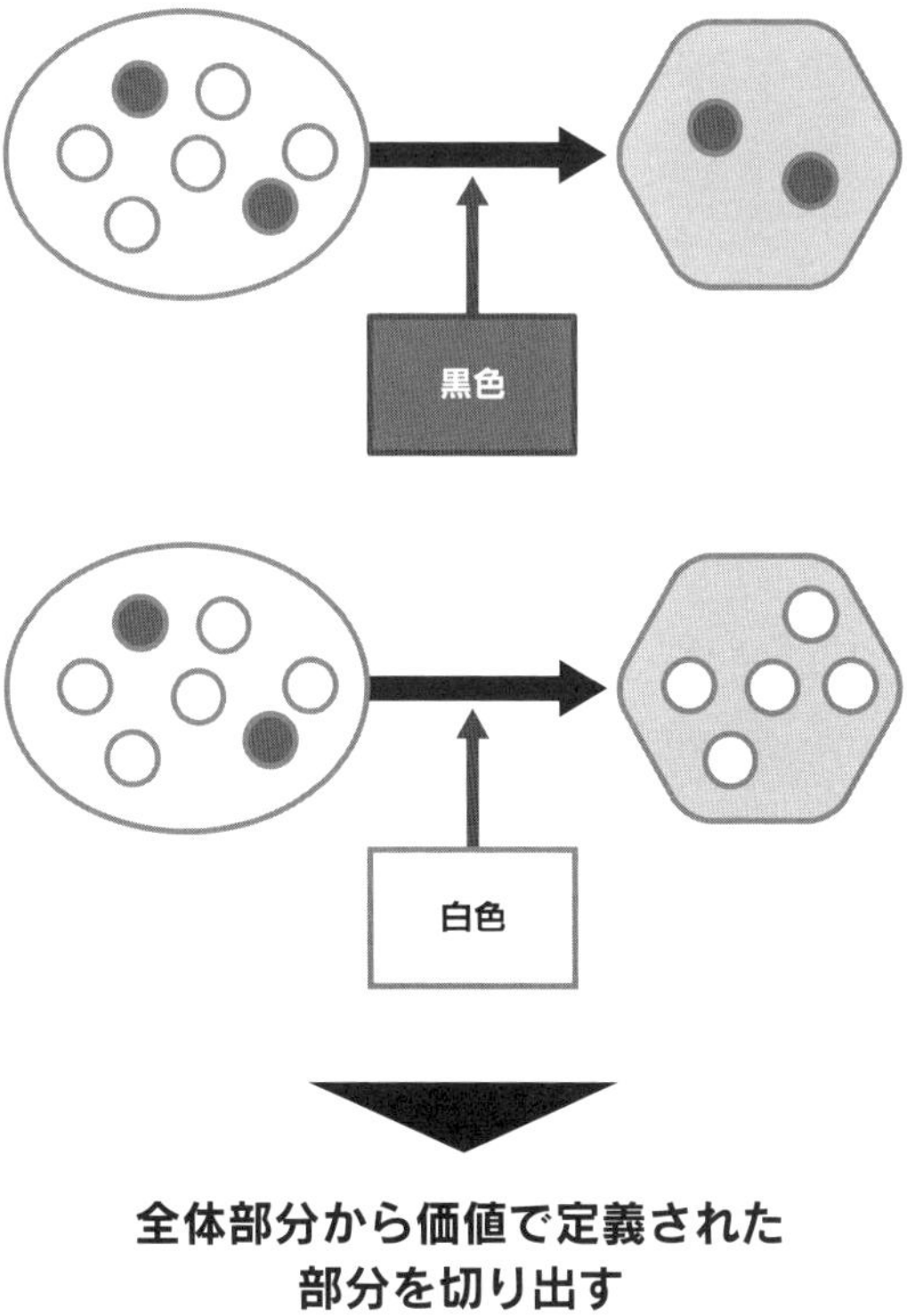

全体部分から価値で定義された
部分を切り出す

Chapter 3

ビジネス世界の創造
～顧客定義がビジネスを生み出す

Chapter2では、演繹法を使うと、あらゆる可能性から、特定の価値観によって限定された世界を切り取ることができることを示した。わたしたちは各種のコミュニティに属している。家庭という最小から、親戚・地縁、会社、趣味・同好会、宗教、国、はたまたガイア（地球）というレベルまで、それぞれがつくりだしたコミュニティの現実に集う。これらコミュニティとは、単に人が集まっているのでなく、価値観を共有した人の集まりなのである。人は価値観を共有すれば集い、異なれば離散する。わたしたちの生きる世界そのものが価値観で彩られている現実のシンフォニーなのである。

世界が価値観でつくられるなら、ビジネスの価値観を演繹法に投入すれば、ビジネス世界が誕生する。だから世界のあらゆるところに、ビジネス定義をつ

ビジネスは世界の一部
世界をつくれるなら、ビジネスもつくれる

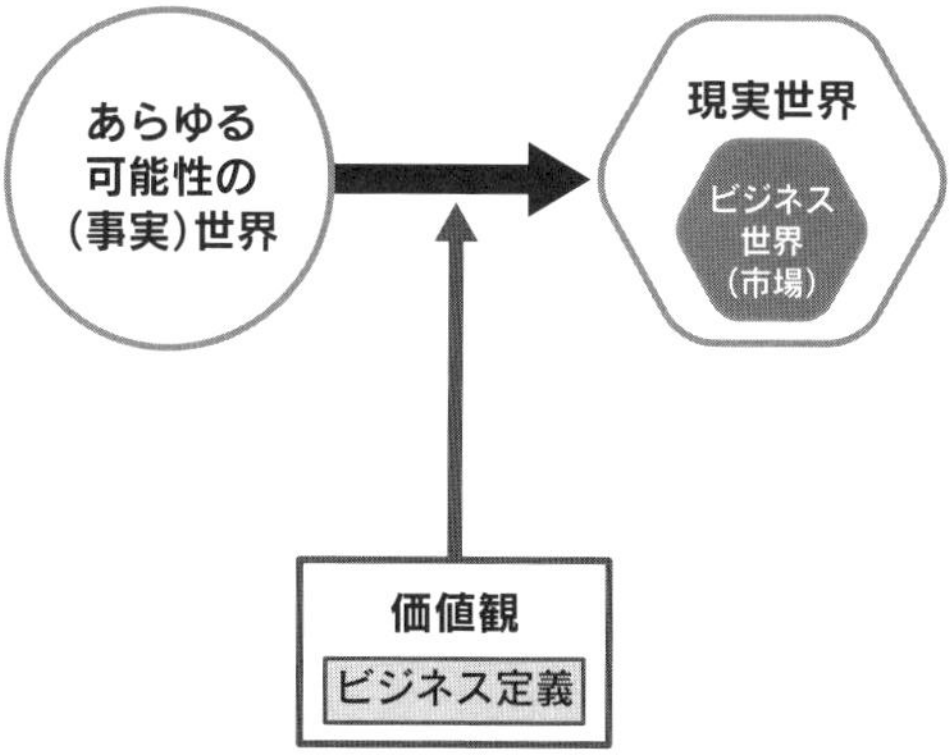

くりだした起業家が満ち溢れている。起業家とは、ビジネスの定義を持って新しい世界を生み出した者たちなのである。

では、そのビジネスの定義とは何であろうか。ビジネスの定義はこれまで数多くの経営者、経営学者が定義してきた。経営学の父と呼ばれるドラッガーは「事業（ビジネス）の目的はただひとつ、それは『顧客の創造』である」と言い切っている。

「顧客の創造」とは、単に新しい商品・サービスを提供することではない。発見されていなかった潜在顧客を明らかにして、まったく新しく顧客（世界）市場をつくりだすことである。「創造」とは顧客のニーズ、つまり顧客の価値観を生みだすことである。

そこでわたしは言いたい、「事業の目的はただひとつ、それは『価値観の創造』である」と。

ビジネスとは何か？

事業の目的はただひとつ、
それは「顧客の創造」

『現代の経営（上）』P・F・ドラッカー

事業の目的はただひとつ、
それは「価値観の創造」

田中伸明

Chapter 4

ビジネスをつくる①

～価値観変更によるビジネス創造

世界をつくり治す方法は、論理的には既存の世界を変更するか、新しい世界をつくるかである。それぞれ価値観の変更と、価値観の創造により可能である。この演繹法の世界変更、創造はビジネス世界にも応用できる。

すでに学んだとおり、価値観が違えば現実が違う、ビジネス価値観が違えばビジネスフィールド（市場＝マーケット）が違う。だからビジネス価値観を変更すると顧客市場を変更することができるのである。企業は、当然既存の顧客を持っている。そこで従来の常識的価値観を新たに変更すると、同じ顧客層へまったく新しい商品、サービス市場をつくりだすことができる。変更可能な顧客価値観の数だけ、新たな市場をつくりだすことができるのだ。

世界のなおし方・つくり方

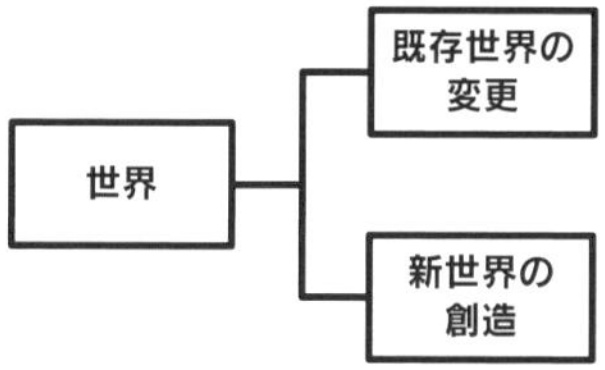

価値観変更による市場の変更

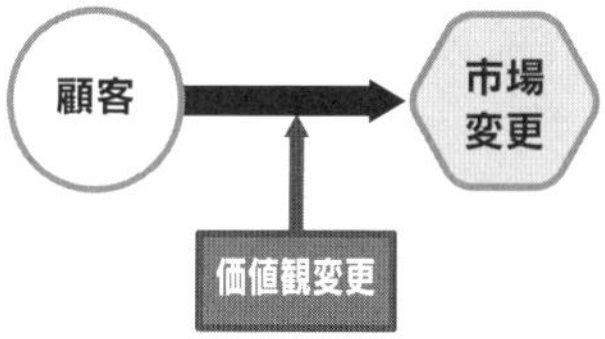

価値観の新設による市場の創造

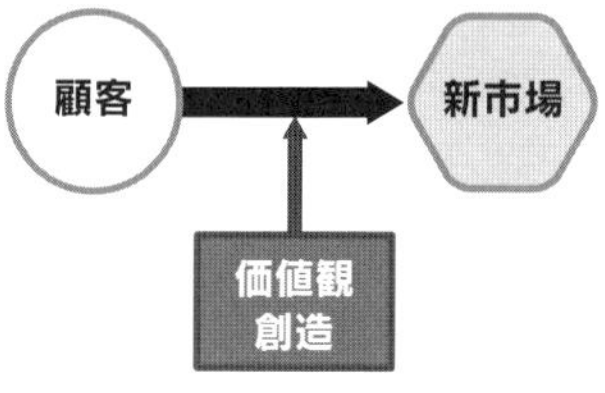

たとえば鉄道事業を例にみてみよう。

鉄道輸送は、国家の事業として発展してきた。それは物流システム、人の移動が産業基盤となり、それが国力をつくりだすからだ。産業が集積して人口が集中し、そして都市部の拡大が起こり、通勤という近距離輸送が必要となる。これにより鉄道各社が設立された。

最初は運輸事業の定義で設立されたのであるが、自らの事業定義を進化させていった。関西では阪急、関東では東急が、積極的に鉄道沿線のまちづくり、住民の文化醸成に視点を移していった。その結果生まれたのが、不動産事業、百貨店事業、旅行事業、さらには宝塚歌劇団のようにきわめて高度なエンタテイメントサービスなのである。

通勤者とその家族という顧客市場に対して、ビジネス定義を変更することで新たな商品・サービス市場を形成した事例である。

価値観変更によるマーケット再構築

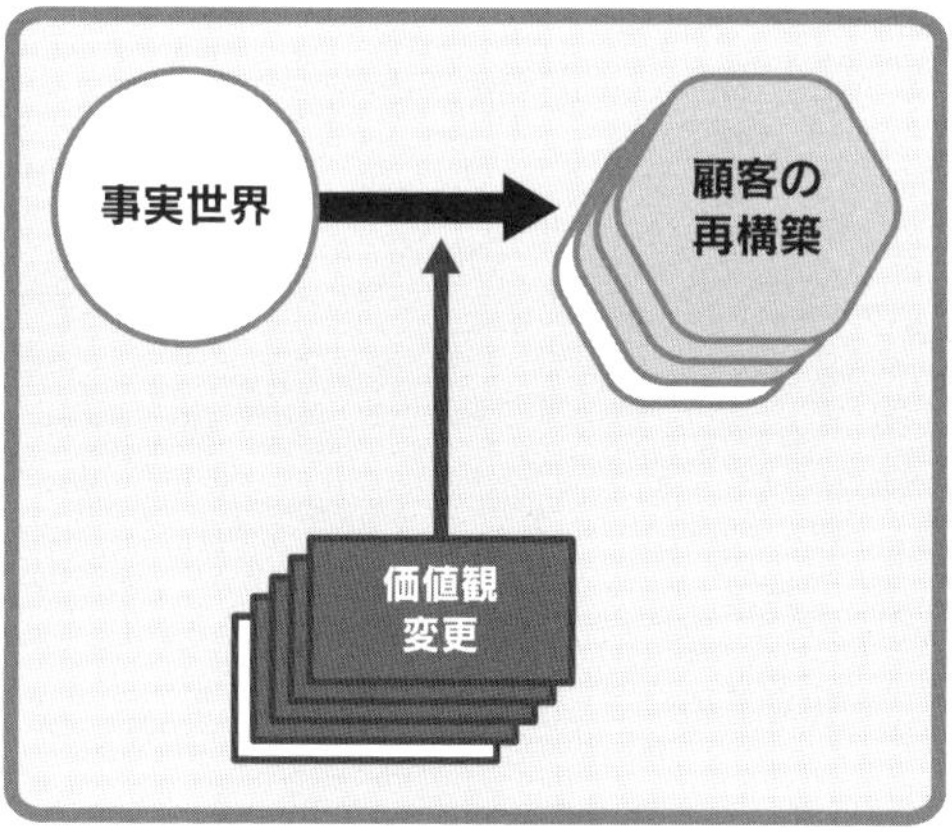

価値観を変えることで
新しいマーケットにつくりなおす

Chapter 5

ビジネスをつくる②

～価値観の創造による新規ビジネスをつくる

ビジネス定義の変更により、単なる顧客単価を増やすのでなく、新しい顧客市場、新しい商品・サービスを生み出すことができることを前章で示した。これから新しい価値観をつくることで、ビジネスマーケットを創造する方法を解説する。新しい価値観は、新しい市場を創造する。新しい価値観をつくりあげることで、新しい市場・ビジネスが生まれるのはここまで学んだ者にとっては当然過ぎると思う。しかし問題は、どうやって新しい価値観を創造するかである。

価値観がことばであることはすでに述べた。だからことばを駆使することで価値観を生み出すことができる。実際に価値のあることばをつくるには、手法や経験、また失敗への覚悟を乗り越える必要がある。

新しい価値観によるマーケットの創造

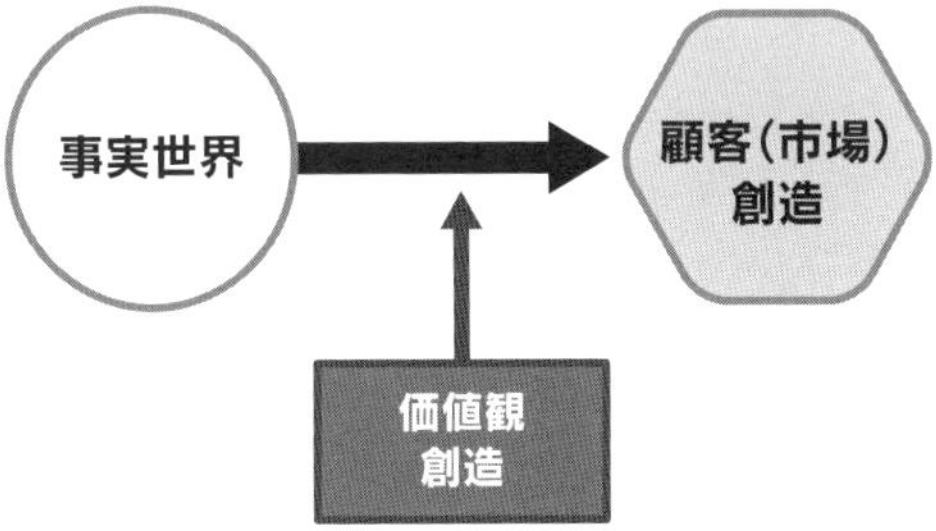

新しい価値観を創造し
全く新しいマーケットをつくりだす

一つの事例として牛丼の「吉野家」をみてみよう。

「吉野家」のビジネスは何だと問うと、牛丼の提供だと考える人が多い。みえているものがビジネスだと勘違いしやすいが、実は顧客が購入しているのは、商品・サービスが持っている「価値」なのである。

次ページの図は吉野屋のビジネス論理構造である。吉野屋のお客は学生や肉体労働者、多忙なビジネスパーソンが多い。吉野屋の牛丼のコンセプトは「はやくて、やすくて、うまい」である。この価値に顧客は集まっているのである。

起業家には次の発想の順序が重要なポイントだ。商品やサービスをつくったらこの価値観が伴っていたのではなく、この価値観に基づいて商品設計、店舗設計、運営プロセス設計を積みあげると、その結果吉野屋の牛丼ができあがる。

商品が先にあるのでなく、顧客への提供価値が先である。

吉野家のビジネス
顧客は商品でなく提供価値を購入する

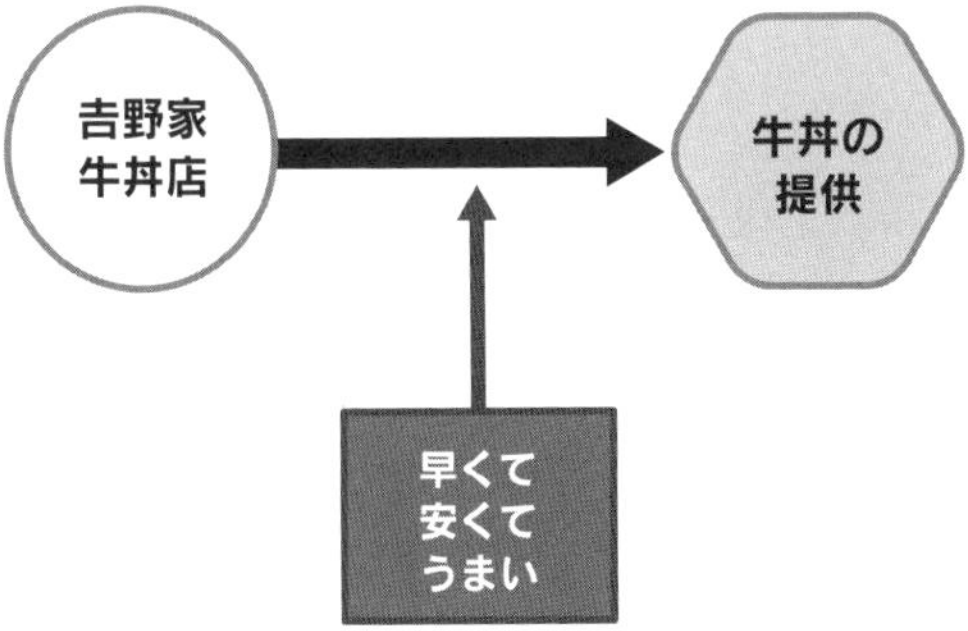

商品・サービスは
価値観を具現化した結果

私はこれまで数多くのビジネス立ち上げにかかわってきた。大切なことは、ことばである。商品名でなく、ビジネスそのものの価値を説明することばが、事業発展の可能性を加速する。

たとえば私自身命名した「民間医局」。非営利で壊れた医師の受給バランスを、民間によって効率的な医師紹介システムに改善させた。

親しくしている企業で最新科学技術をビジネスとして立ち上げた事例もある。遺伝子診断は病気の発病・予防に大きく期待されている。ところがβ３ARなどの肥満遺伝子名では顧客にはその価値がわからない。そこで肥満体型であるリンゴ型肥満、洋ナシ型肥満という表現で価値を書き直すことでビジネス化に成功した。

依頼すると翌日には届くアスクル、宅急便など商品名、サービス名が顧客ニーズの価値観を直接捉えている事例はきわめて多い。このように世界は、ことばによるビジネス世界、現実世界が日々新たに創造されている。

世界は日々創造されている……
ことばを操る技術は世界を操る技術

1. 婚活
2. アラフォー、アラサー
3. 草食系男子……肉食系女子

世界は
ことばでつくられる

ことばおよび「価値観」を定義することで、
新しい世界が日々創造されている。
流行とはことばをつくること。

Epilogue

Chapter 1

わたしは価値観

～試験では価値観が問われている

マッキンゼーで修得したスキルの講義は、法学などの他学部生からも好意的に受け入れられた。きわめて充実した大学教官生活を経験させてもらった。その間に、日本そして日本人の力が世界のなかで弱ってきた。弱った日本企業の力は、学生に大変な就職難を与えている。

学生は昔と違ってとてもまじめである。講義はしっかり受けるし、就職対策も2年生のときから取り組んでいる。にもかかわらず、採用されない学生が多く発生している。なかには、社会が自分を必要としていないのではないかと、メンタルに異常をきたす者もいる。

就職試験は筆記と面接である。筆記は、ＳＰＩなど社会人として必要な知識、技術が試される。面接は採用されるまで何回か繰り返され、そしてめでたく合格となる。

筆記の成績はよくても、面接ではどうしても通過しない者がいる。彼らはきわめてまじめで、与えられた課題はしっかりやりとおす。面接についても、面接対策本をしっかり勉強していく。にもかからず、というよりは勉強したがゆえに、落ちることになる。なぜ落ちるかというと、対策本には決定的に欠けたものがあるからだ。それは「働く意味、生きる価値観」である。

そこで私は講義において就職に効く、価値観を確かめ、価値観を高める方法をつくりあげた。それを学生の未来のためにEpilogueにする。社会人でも自分さがしがはやっている。彼らは結局、生きる手段である仕事のため、お金のために生きてきた。生きる目的を考える暇がなかったまじめな人たちである。この方法は社会人の彼らにも必ず効く。

Chapter 2

価値観の発見
～答えから価値観をさぐる

まず次ページ図の空欄を埋めてみよう。「あなたにとって仕事とは？」に答えてほしい。思いつくまま、浮かんだことばでよい。次にその答えを生み出すであろう価値観をさがしてみよう。答えは判断基準・価値観によって導かれるものであるから、必ず価値観が埋まっている。価値観は見えないので、その確実性には自信がないかもしれないが、次第に慣れる。哲学に詳しい人は気がついたかもしれないが、フッサールの「現象学的還元」である。

それぞれの答えに対応する価値観が明らかとなった。その価値観を、統合的価値観として帰納する。帰納法は、判断基準、価値観を生み出す方法だった。まさに帰納法そのものの働きを利用する。この帰納されたものが、いまのあなたが持っている「仕事への価値観」そのものである。

質問
あなたにとって仕事とは？

仕事とは……	
答1	
答2	
答3	
答4	
答5	
答6	
答7	
答8	
答9	
答10	

「仕事とは？」の答えは価値観が生み出している
それぞれの価値観を帰納すると、統合価値観となる

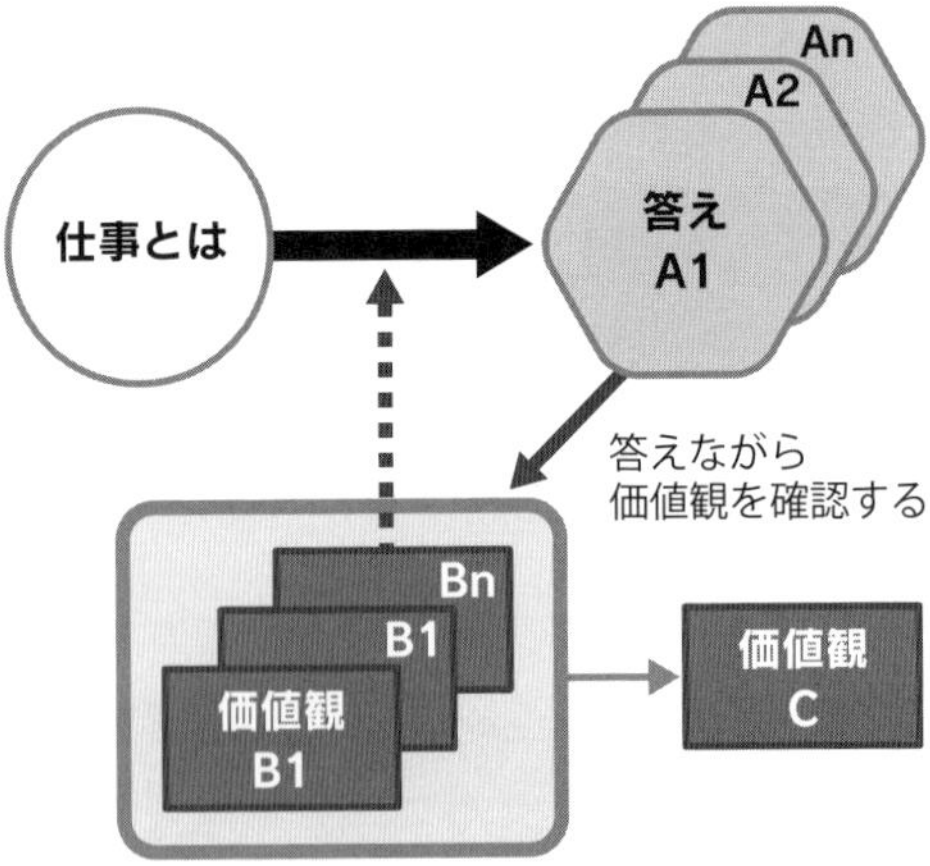

答え	価値観	総合的価値
A1	B2	C
……	……	
An	Bn	

Chapter 3

価値観は未来をつくる
～面接では過去が問われている

「採用される学生」、「採用されない学生」の答え、価値観、統合価値観を次に示す。一つひとつの答えはシンプルである。しかし、それぞれの価値観を帰納的に導き出した統合価値観は、きわめて重い。

一人は「仕事とは人生の一部であり、人間としての成長機会で、生活の基盤である」とし、一人は「競争環境の中、勝ち負けがあるのでできるだけ避けたい。仕事とは人間としての喜びでなく義務であり、仕事自体が非人間的な活動の一種である」としている。この価値観が、過去の経験を帰納法でつくりあげた過去の生き方そのものなのだ。それを、演繹的に現在の生きる世界をつくりあげている。そしてこの価値観が将来の仕事、未来もつくりあげる。価値観は、過去と現在と未来をつなぐ「実体のないわたし」そのものなのだ。

採用される学生

	仕事は＿＿＿＿。	なぜそう考えるのか（価値観・判断基準）	仕事に対しての君の価値観
1	やりがい	一つの人生の側面	仕事とは、人生の一部であり、人間としての成長機会、生活の基盤である。
2	成長機会	仕事を通じて人間成長	
3	生活費の稼ぎ	稼ぐ貴重な機会	
4	大人の義務	労働責任	
5	生きがい	人生の意味の一つ	
6	家族を養う	労働結果、目的	
7	昇進機会	成長発展	
8	仲間づくり	人間関係	
9	資格取得	生きる手段	
10	……	……	

採用されない学生

	仕事は＿＿＿＿。	なぜそう考えるのか（価値観・判断基準）	仕事に対しての君の価値観
1	きつい	肉体・精神の労苦	義務であり、非人間的な活動。競争性のなか、負けることも多いので、できることなら避けたい。
2	いやだ	拒否感	
3	大人だと仕方ない	義務感	
4	給与のため	生活保全	
5	競争	非人間的	
6	勝ち負け	弱肉強食	
7	うまくいかない	不安	
8	時間の浪費	否定	
9	定職だとうれしい	楽して稼ぐ	
10	安定がよい	生活安全	

Chapter 4

価値観をつくりあげる

～意図的に価値観をつくる

高い価値観さえ持っていれば、いかなる面接も恐れることはない。面接官からは多方面にわたる数多くの素早い質問が繰り返される。それは上っ面の価値観でなく、真に持っている価値観をあぶりだすためである。適切な価値観さえあれば、気持ちよく、おもいっきり答えれば合格となる。

価値観はそれまでの経験だ。だから学生時代の過ごし方、考え方が面接試験の対策となる。学問、クラブ活動、教師や友人との語らい、バイト、芸術、すべての経験があなた自身をつくりあげる。経験には良い経験、悪い経験はない。その経験の意味をいかにとらえるかである。だったら単純に経験量を増やすだけでよい。意図的経験、これまでにない経験を積極的にチャレンジする。対象はできることでなく、失敗する可能性が高いほど、価値観は加速する。

しっかりとした価値観づくりが面接突破のカギ

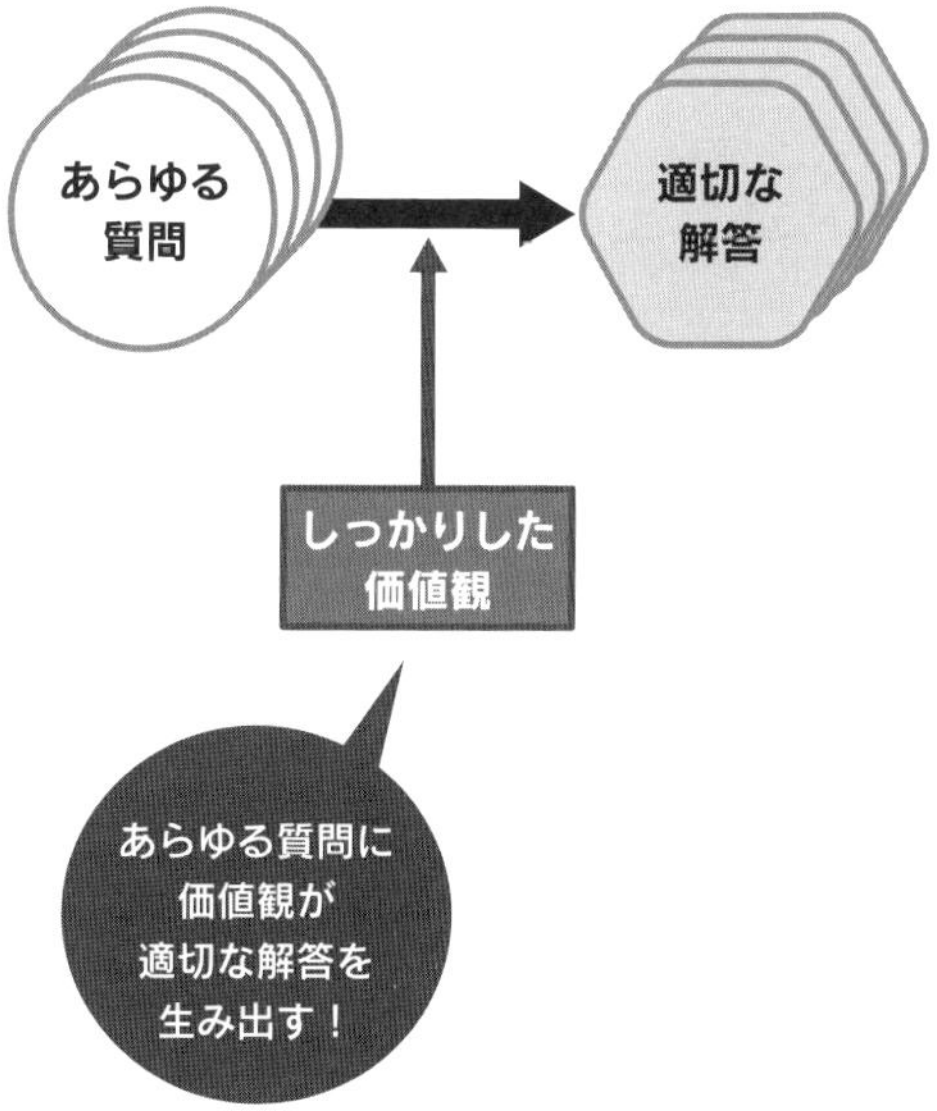

Chapter 5

価値観が人生を決める

～価値観と人生との関係

そろそろ講義も終わりに近づいてきた。そこで君たちに次の物語を贈る。

ある建築家が暑い日差しの中で、精をだして働く3人の男たちのそばを通りかかった。人生でいちばんいい年ごろの若者ばかりが、骨の折れるつらい仕事をしていた。岩を持ちあげて広く平らな岩の上に置き、大槌でたたくのである。建築家はふとたち止まって3人に同じ質問をした。

「やあ君、何をしているんだい？　それは何のため？」

一人目の男が答えた。

「これが見えないですかね。岩を割っているんですよ。これも日当半ペニーのためでさ」

あなたは何をしているのですか？

　ある時に、旅人がある町をおとずれた。そこで、石を運んでいる人に出会った。

　旅人は、その人に問いかけた。「何をしているのですか？」答えは３通り……。

石を運んでいるんだ。
見て解らないのか?!

家族を養うために働いている。
今は石で壁を作っています。

切り出した石が、多くの人々の心の安らぎの場となる、素晴らしい教会になることを夢見て仕事をしているのです。

３人に能力の差はない。
差があったのは、仕事に対する考え方（定義）

二人目の男。

「あそこの建物の壁に使う小さな石をつくっているんです。家族をやしなわなきゃいけませんから」

三人目の男。

「度肝を抜くような大聖堂の建設に力を貸していましてね。ほら、目の前にあるでしょう。完成したら、たくさんの国から人々が来て、この想像を超えた偉業を見るんでしょうね。勉強になるからやってます。でも、ほんとうのことを言うとまだ見習いで、この仕事は少しの努力で大きく稼げるんですよ」

建築家はふと思いついて助手を呼び、長期にわたって彼ら3人の足跡を追うよう指示をした。

40年後、一人目の男が死んだ。最後まで日雇い労働者のままだった。体力がなくなってくると単純作業がますますふえたが、それでも働いた。

二人目の男は日雇い労働をやめ、質素ながらも悪くない暮らしをしていた。

彼は結局職人となり、独創性には欠けるものの信頼性はおけるという評判を得ていた。

そして、三人目の男。この男に関しては様子を聞くまでもなかった。男の名声はいまだ広がりつつあり、国のあちこちに彼の作品ができていた。それはかつて建築家が思い描いていた至高の建築物だった。

人生の3分の1は仕事である。仕事の意味とは、まさに君の人生の意味なのである。「あなたにとって仕事とは」の問いは、就職のためだけでなく、人生において限りなく大きな意味を持つ。

Chapter 6

価値観こそが世界

～人生は価値観形成の旅

Lesson1で正しい思考にふれた。思考は、成功体験や誤解と錯覚を含む過去の経験によって帰納的につくりだされた価値観を演繹的におこなう。その価値観は失敗したときのみ明らかとなり、それを高める機会となると……。実は人生、それこそが価値観形成の旅なのである。成功への道は失敗からはじまる。失敗を恐れるのではなく、失敗せよ。失敗だけが成長機会なのだ。

わたしたちの世界はわたしたち自身でつくっている。それは価値観だ。価値観こそが世界である。そして「実体のないわたし」そのものである。

世界は、一瞬の事実世界と、実体のない価値観であるわたしがつくりあげたものだ。だからこそ自らの責任で生きていくことを覚悟せよ。そうすると、まったく新しい世界が君の前にあらわれる。

人生＝仕事
満足する仕事は充実した人生をつくる

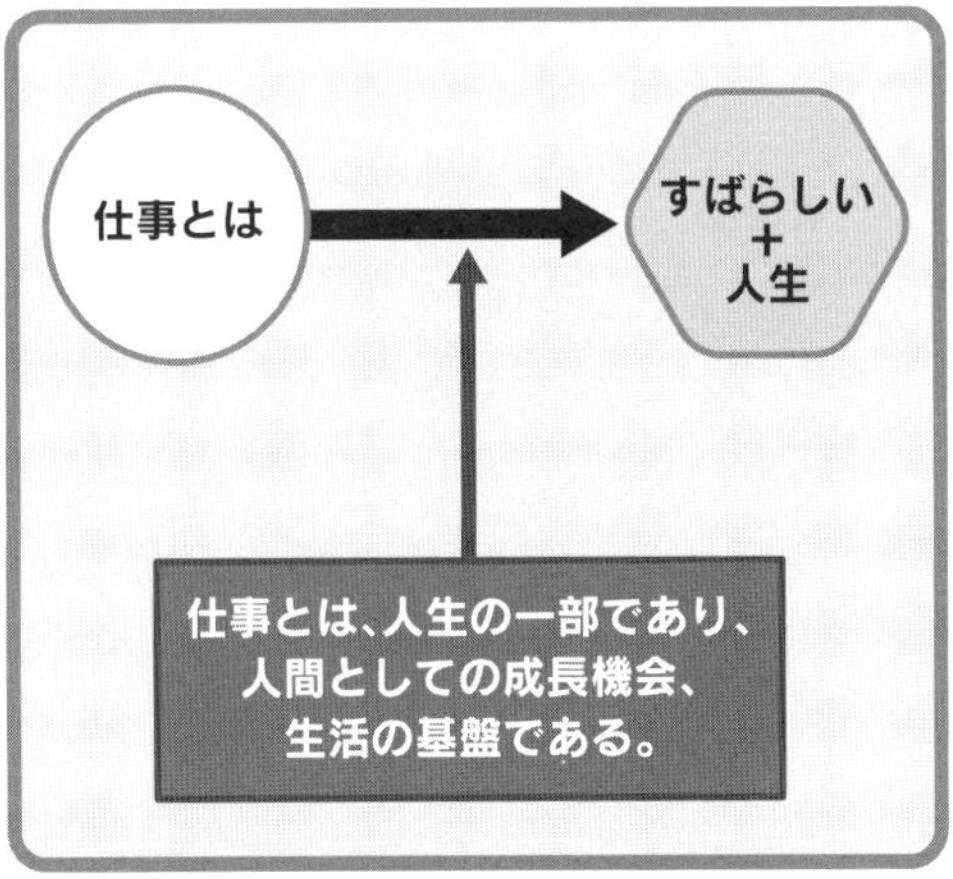
仕事とは
すばらしい
+
人生
仕事とは、人生の一部であり、
人間としての成長機会、
生活の基盤である。

いかなる仕事にも意味が見いだせる。
仕事の意味は、仕事の中にあるのではなく、
あなた自身が発見するものである。

【参考文献】

●哲学領域
『14歳からの哲学』（池田晶子・著、トランスビュー）
『現象学は〈思考の原理〉である』（竹田青嗣・著、ちくま新書）
『哲学的思考』（西研・著、筑摩書房）
『はじめての現象学』（竹田青嗣・著、海鳥社）
『はじめての言語ゲーム』（橋爪大三郎・著、講談社現代新書）
『哲学的な何か、あとは科学とか』（飲茶・著、二見書房）
●社会学領域
『はじめての構造主義』（橋爪大三郎・著、講談社現代新書）
『寝ながら学べる構造主義』（内田樹・著、文春新書）
●言語学領域
『言葉とは何か』（丸山圭三郎・著、ちくま学芸文庫）
『言葉と無意識』（丸山圭三郎・著、講談社現代新書）
『ソシュールを読む』（丸山圭三郎・著、岩波セミナーブックス）
●心理・精神医学領域
『論理療法トレーニング』（ワレン／デジサッピ／ドライデン・著、東京図書出版）

『哲学カウンセリング　理論と実践』（ピーター・B・ラービ・著、加藤常男ほか・訳、法政大学出版局）

●脳生理科学領域

『単純な脳、複雑な「私」』（池谷祐二・著、朝日出版社）

『意識』（スーザン・ブラックモア・著、信原幸弘ほか・訳、岩波書店）

『脳はなぜ「心」を作ったのか』（前野隆司・著、筑摩書房）

『ユーザーイリュージョン意識という幻想』（トール・ノーレットランダーシュ・著、柴田裕之・訳、紀伊國屋書店）

『リハビリテーション身体論』（宮本省三・著、青土社）

●宗教学領域

『哲学としての仏教』（竹村牧男・著、講談社現代新書）

『ヴィトゲンシュタインから龍樹へ　私説「中論」』（黒崎宏・著、哲学書房）

『はじめての唯識』（多川俊映・著、春秋社）

●思考技術について

『考えるとはどういうことか　―思考・論理・倫理・レトリック』（井崎正敏・著、洋泉社）

『MBA　クリティカルシンキング』（グロービス・マネジメント・インスティテュート・著、ダイヤモンド社）

『アブダクション　仮説と発見の論理』（米盛祐二・著、勁草書房）

【著者紹介】

田中伸明（たなか・のぶあき）

ベスリ会　総院長。日本神経学会認定医、医師会認定産業医、東洋医学会専門医。

1978年　熊本県立人吉高校卒業
1987年　鹿児島大学医学部卒業
学生時代北京中医学院・上海中医学院で、卒業後には富山医科薬科大学和漢診療学講座で東洋医学を学ぶ。

神経内科専門医取得後、諏訪中央病院の医局長として地域医療に従事する。

その業績により厚生労働省で21世紀地域医療システム創りに参加。

その後、マッキンゼー日本支社・インターンとしてマネジメント、経営学を学ぶ。

これらの経験を生かして会津大学コンピュータ理工学部、日本大学工学部、京都産業大学経営学部の教授を務める。

産業医、ビジネス経験のある医師免許取得者として、ビジネスパーソンのためのベスリクリニックを東京・神田に開設。

コンサルタントの問題解決スキルを使って、医療では解決できない患者様の課題を解くことで治療を行っている。

現在、㈱ベスリの共同代表として、遠隔ビジネスリワークなどの新しいヘルスケアサービスを創造している。

●ベスリ会
ベスリクリニック（神田）　http://besli.jp
東京TMSクリニック（恵比寿）https://tms-clinic.jp
ベスリTMS横浜醫院（桜木町）https://yokohama-tms-clinic.jp

著書に、『病院経営を科学する！』（共著、日本医療企画）、

『デキる看護師の思考法 問題解決型スキルで看護現場を改革する』（共著、日本医療企画）、

『創発と危機のデッサン：新たな知と経験のフィールドワーク』（共著、学芸みらい社）、

『おうちメンタルケア入門　不安をそっと手放す方法』（監修、主婦の友社）などがある。

田中教授の最終講義

初版1刷発行●2011年3月31日
2刷発行●2022年6月10日

著者
田中伸明

発行者
薗部良徳

発行所
㈱産学社
〒101-0061 東京都千代田区神田三崎町2-20-7 水道橋西口会館
Tel.03(6272)9313　Fax.03(3515)3660
http://sangakusha.jp/

印刷所
㈱ティーケー出版印刷

ISBN978-4-7825-3326-0　C0030